時代遅れの二大政党制

――小選挙区制廃止、比例代表制実現を

田中久雄

ロゴス

時代遅れの二大政党制――小選挙区制廃止、比例代表制実現を　目次

時代遅れの二大政党制

はじめに

だれしも人びとが、「等しく、豊かで、自由で、幸せな社会」に生きたい、と思うのではないでしょうか。いったい、そんな夢みたいな社会があるのでしょうか。

世界が一つでなく、多くのさまざまに違った国々から成り立っている以上、「等しく、豊かで、自由で、幸せな社会」を実現している国、あるいは、それに近づいている国を探してみるのも一つの方法だと思います。

そんなことを頭の片隅におきながら旅行をしていて、気になった国々がいくつかありました。北欧の国々です。北欧といわれる国は、スウェーデン、デンマーク、ノルウェー、フィンランド、アイスランドの五カ国をいいます。いずれも小さな国です。一番人口の多いスウェーデンで約一〇〇〇万人、最も少ないアイスランドの約三五万人を例外として、他の国はいずれも約五〇〇万人程度です。

これらの国々をいろいろ調べてみると、お互いにとても共通点があることがわかりました。たとえば、毎年行う国連の「世界幸福度ランキング」や世界経済フォーラムの「世界ジェンダーギャップ指数」では、五カ国ともトップクラスの常連です。ＩＭＦの一人当たり名目ＧＤＰでも、最近のデータ（二〇二〇年）ではすべて一三位以内に入っています。ちなみに、このとき日本は、二三位でした。

また、ＯＥＣＤのデータを基に、グローバル・ノートが行った世界の主要国四二カ国の国民の収入の不平等の度合いを示すジニ係数の国別ランキングが公表されていますが、最新の二〇一八年の結果によると、北欧諸国はすべて不平等度合いの少ない国一〇カ国以内に入っています。

しかし、さまざまなデータで優れたパフォーマンスを示している北欧の国々ですが、過去の歴史を振り返ると、農作物に適さない寒冷地帯で、飢餓で多くの人が亡くなったり、海外に大量移民したような貧しい時代を過ごしてきたのです。

また、近隣の大国ロシアやプロイセンとの戦争で敗れ、一八世紀半ばにフィンランドはカレリア地方がロシアに割譲され、一九世紀後半にデンマークは国境の肥沃な領土であったシュレースヴィヒ公国とホルシュタイン公国を失いました。

そのような過酷で資源の乏しい逆境を乗り越えて、今日のようなあらゆる点で好成績をとるような国に変えた要因はいったいなんでしょうか。

それは、国民全体の努力があったからであり、また、その努力を導きだした政治の力があったからではないでしょうか。

では、次の疑問が起こります。なにが、そのような政治を生みだしたのか、という問いです。

わたしは、コンセンサス型の政治にその理由を求めます。さまざまな異なった意見を、対立させるのではなく、妥協点を見いだして、国民の力を一つにまとめていく政治です。そして、それが可能にする制度的条件として、選挙制度と政党制が重要な要素になっていると考えます。

わが国においては、二大政党制を理想として、その制度の下での政権交代が適度に起こる政治を理想とし、または、期待する人が少なくありません。少ないどころか、プロである政治家の人たちに、その傾向が多いように思えます。

二〇〇九年に、自民党に代わる民主党政権が実現しましたが、あまり続かずその後、民主党は四分五裂し事実上自民党長期政権に回帰してしまいました。その失敗を十分検証しないままに、今日、立憲民主党を核として、野党の少数政党や無所属議員を吸収しながら、再び二大政党制への夢に突き進んでいるように思えます。

はたして、二大政党制が政治の理想の型なのでしょうか。歴史を振り返り、また、今日の内外の政治状況を概観しながら、みなさんと考えてみたいと思います。この本のねらいはそこにあります。

それを考えるなかで、選挙制度がどのような政党制を形成し、政治にどのような影響を及ぼすのかなどについて、お話ししていくつもりです。政党制、あるいは政党システムとも言いますが、それぞれの国における政党の数や、政党間の関係を類型化したものです。二大政党制もその一つです。よくいわれるように、「小選挙区制は二大政党制と親和性があり、比例代表制は多党制を生む」というように、選挙制度と政党制は強い因果関係にあり、政党制は採用される選挙制度に大きく依存しているのです。そしてこの違いにより、政権形成の形態が異なり、現実の政治に大きな影響を及ぼしています。

世界各国の政治の実情を考える時には、その国の政党制の現状と、採用している選挙制度がどういうものであるのかを、理解することが不可欠だと考えます。

本書では、まず、二大政党の生みの親である英国において、なぜ小選挙区制が誕生して、世界に広まったのかについて、第1章と第2章でお話ししたいと思います。次に第3章から第6章では、アメリカ、北欧諸国、日本における選挙制度とそれに関連する政治についてお話しします。そして第7章で、私が比例代表制が望ましいと考える理由について説明したいと思います。最後に、補論でわが国の地方議会の選挙制度の課題について少しふれるつもりです。

世界には、数多くの選挙制度や政治体制が存在しています。現在採用されている制度や、行われている体制は変えられないものと硬直的に考えることから、まず自由になることが大事なことだと思います。そして、二大政党制あるいは小選挙区制がわが国において望ましい制度であるのかどうか、後ほどみなさん自身でお考えになってください。

第1章　英国の小選挙区制の歴史

第1節　選挙制度の始め

選挙制度には、小選挙区制や比例代表制、あるいは、わが国の衆議院選挙において行われている小選挙区比例代表並立制などさまざまな形態があることは知っていると思います。

それでは、これらの選挙制度を誕生させた西欧諸国において、当初は一体どういう制度から選挙は始まったのでしょうか。

スペインの政治学者ジョセップ・コロマーによると、そもそもの選挙制度は、①大選挙区制（二人以上の定数）、②挙手・発声または記名投票（定数以下の完全または制限連記制）、③相対多数または絶対多数という、三つの要素で構成されていたそうです。

コロマーは、これを「原初的」選挙制度と呼びました。

この「原初的」選挙制度の特徴は、複数の定数による大選挙区において、選挙人が定数以下の候補者に投票することにあります。こうすることによって、「候補者本位を基礎として、同時に高度に多元的な代表」を選出するように工夫されていたと、説明しています。

また、投票の方法は、秘密選挙ではなく、挙手か発声または記名投票が一般的であったと言われています。選挙人が少数の貴族などの大土地所有者や資産家に限られていたことから、あえて秘密にする必要もなかったのでしょうし、むしろ自分の立場を明らかにすることが当然と思われたのかもしれません。

この「原初的」選挙制度は、一三世紀以降、英国の地方議会のほか、ドイツ、スイス、イタリア、フランスの地方議会、一五世紀にはフランスの聖職者、貴族や平民が身分ごとに集まって審議した身分制議会でも用いられていたそうです。

コロマーは、一九世紀から二〇世紀前半にかけて、二七カ国の下院でこの「原初的」選挙制度に近い制度が採用されていて、アメリカ、英国、フランスなどの地方議会では、現在でも広く採用されている選挙制度であると述べています。

第2節　小選挙区制以前の英国

中世の英国では、増税が必要なときなどに国王の諮問会議が開かれ、そこで承認を得なければなりませんでした。その諮問会議に出席する代表者は、当初は大貴族や聖職者などでしたが、その後、各州（シャア）から二人ずつ貴族などが選ばれるようになりましたが、代表者を選ぶ選挙は、二名連記制で行われました。

二人ずつにする理由は、互いに発言を監視するためと言われています。代表者は、各地方から、数日かけて馬車や馬でロンドンに集まって議会で議論しましたが、その模様は地方の住民には伝わらなかったからです。ラジオもテレビも無い時代です。

その後、選挙区は、地方のカウンティ選挙区と都市のボロ選挙区に分かれていきましたが、国王が都市に対し特許状を頻繁に与えたため、選挙区の数や定数は拡大・複雑化していったのです。

諮問会議（議会）は、次第に世襲の上層貴族や聖職者の貴族院（上院）と、下層貴族や有力市民などの選挙で選ばれる庶民院（下院）とに、分離していきました。

有力貴族たちは、あちこちに領地を有し、それぞれに自らの意向で議員を選出できる選挙区を複数も持ち（これを「パトロン選挙区」といいます）、一人で一一の選挙区を所有している貴族もいたと言われています。

また、選挙区の人口が二五人以下のところが、あるときには三六選挙区もあったそうです。

英国人の伝統を重んずる保守的な気質から、一度できた選挙区は、例えば海岸線の変化で大部分が海中に没しても、そこを代表する議員を出すべきだと考えていたからです。これらの選挙区は「腐敗選挙区」と呼ばれていました。

一方では、マンチェスターやバーミンガムのような新興の大工業都市では、いくら人口が多くても一人の議席もないありさまでした。一つの選挙区の定数も、一～五人区などばらばらでした。オックスフォードやケンブリッチなどの有力大学には卒業生のみが有権者になれる、定数二人の「大学選挙区」が、別個に設けられていました。

また、事業者は、居住地と事業所在地ごとに選挙権をもち、一八六二年当時、一人二票以上有する選挙人が二五万人もおり、一八票の票を一人で保有する者もいたといわれます。

さらに、候補者は、複数の選挙区から同時に立候補できる重複立候補制となっていました。この制度は現在でも残っているそうですが、実際には行われていません。

第3節　今日の政治体制のなりたち

A　選挙権の拡大

一八世紀後半になると、産業革命などによる資本主義が発展するとともに、封建領主層の没落や産業資本家の勃興が起こり、大量の産業労働者が生み出されていきました。人口も農村から都市に大規模に流入するようになり、社会的な地殻変動が起こってきたのです。それにもかかわらず、選挙制度は身分制議会の時代と同じ旧態依然で、選挙権は貴族や地主が有する特権のままでした。

しかし、これらの矛盾はますます大きくなり、労働者を中心とする選挙権の拡大を要求運動が激しさを増してきて、暴動までおこるようになったのです。チャーティスト運動といわれます。その結果、選挙法の改正は避けて通れない問題となっていきました。そして、一八三〇年代から二〇世紀初頭まで、徐々に選挙法の改正が進められていったのです。

第1次選挙法改革～第5次選挙法改革と主な改革内容

1832年の第1次改革	選挙区の統廃合で112議席減
1867年の第2次改革	有産階級へ選挙権拡大、選挙区を統廃合し都市部へ配分
1884年の第3次改革	都市部と農村部との選挙権資格の統一、一部の農民にも選挙権拡大。1人区が一般化したが、2人区も一部存続
1918年の第4次改革	21歳以上の男子普通選挙実施、家屋所有者の30歳以上の女性にも選挙権付与、議席の再配分で707議席へ(1928年女性に普通参政権付与)
1949年の第5次改革	選挙年齢を18歳に引き下げ、複数投票権・2人区の廃止

主な改革は、五次にわたり次のように行われていきました（上表、参照）。

B　小選挙区制への移行

近代になっても英国では、一八六七年の時点では、下院の選挙では四分の三の選挙区は二人区、その他は一人区から四人区でした。その後に複数区は次第に減少し、その数は一八八五年には一割になり、最終的には複数区は消滅します。

複数区が消滅した要因は、選挙権拡大の動きが急速に広がり、それに伴う選挙区制度の見直しと改革が進んだことにあります。また、政党制の進展と議院内閣制の確立が、並行して英国の政治に組み込まれていったことも大きな要因です。

選挙権をもつ人たちが拡大するなかで、小選挙区制への移行は、従来の支配階級や有産階級にとって、かならずしも好ましい改革ではありませんでした。それにもかかわらず、その方向への改革を進めざるを得なかったのは、大きく二つの理由があると思います。

一つは、産業社会の進展にともなう労働者の有権者の増大により、不公正な選挙区定数や複数選挙権に対する批判が、時代とともに急激に高まり、なんらかの手立てを打つ必要にせまられたからです。

二つ目として、労働者の有権者拡大を背景に結成された労働党が台頭するようになりましたが、その状況で保守党と自由党が完全な小選挙区制の移行を認めたのは、政治的優位性を維持するために、必ずしも不利ではないと考えたからだといわれています。

その理由は、従来の支配階級たちは、小選挙区を導入して労働者居住地が多い都市部の選挙区では敗れたとしても、その他の地域では自分たちが優位であり、全体として保守党や自由党が多数を維持できると考えたからです。結局、その思惑ははずれることになりましたが、当時はそういう事情の下で、完全な小選挙区制への移行が実現したのです。

C　政党制の進展

英国において小選挙区制への移行や二大政党制実現の背景に、政党制の進展と議院内閣制の成立があります。もともとの「原初的」選挙制度では、政党が選挙運動の主体となることがなく、候補者個人が中心の選挙が行われていました。

英国の主な政党の変遷

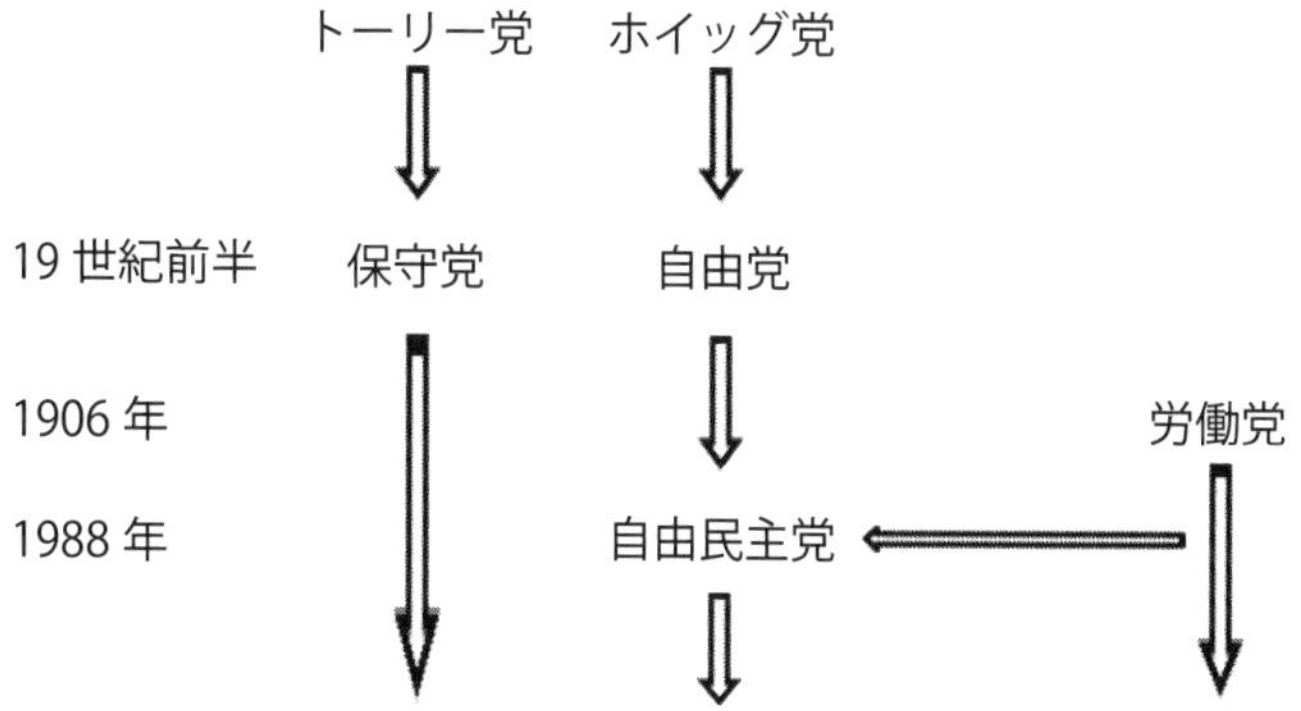

英国において、政党らしきものが生まれたのは一七世紀後半、カトリックの復興を企てたチャールズ二世の王位継承問題が発生した時に、それをめぐる相対立するグループが起源だと言われています。国王擁護派で国教徒や有力地主階級が多いグループが「トーリー党」とよばれ、反国王派で中産階級や有力商人、非国教徒が多かったグループが「ホイッグ党」と呼ばれました。

それぞれ相手をののしる言葉で、「トーリー」とはアイルランド語のならず者や山賊のことで、「ホイッグ」とはスコットランド方言の謀反人とか馬泥棒という意味だそうです。ユーモアの国らしく、次第に自らをそう呼ぶようになりました。

トーリー党は現在の保守党であり、ホイッグ党は自由党となりましたが、その後、自由党は労働党の一部と統合して、今の自由民主党と改称しました。

英国の二大政党とは、はじめはトーリー党とホイッグ党、その後、それぞれ党名を変更した保守党と自由党になりましたが、現在は保守党と労働党のことをいいます。かつて、二大政党の一翼を担ったホイッグ党（自由党）は、今日では少数政党に落ち込んでしまいました。これも、自分たちがつくった小選挙区制によるもので、歴史の皮肉を感じます。

D　議院内閣制の成立

一六八八年に英国議会は、カトリックの復興を企てるチャールズ二世を追放し、プロテスタントであるメアリ二世とウィリアム三世をオランダから迎え、「権利の章典」を公布しました。これを「名誉革命」といいますが、これによって立憲君主政と議会中心の政治体制が確立したのです。それがより明確となっていったのが、アン女王の後継者がいなかったことから、ドイツ生まれのジョージ一世が新たな国王として招かれ、ハノーヴァー朝が成立した時期でした。このハノーヴァー朝が、第一次世界大戦中の一九一七年に敵国のドイツ風の名前から英国風のウインザー朝と改称し、今日の英国王室につながっています。

ジョージ一世は英語が話せず、故郷であるドイツに滞在することが多かったと言われています。そこで、当時、議会で多数を占めたホイッグ党の指導者ウォルポールが、一七二一年に内閣を組織し、実際の国政に当たりました。彼は、英国の最初の首相といわれていますが、この時から「国王は君臨すれども統治せず」という伝統が生まれたのです。

一七四二年に、ホイッグ党は選挙で敗れて少数派になったことから、ウォルポールは辞任し、コンプトンが内閣を引き継ぎました。これにより、内閣は議会に対して責任を持つ責任内閣制が定着することになりました。一八四〇年代に首相には、選挙で選ばれた議会下院の多数派の政党党首を指名する慣習も生まれました。政党内閣制の始まりです。

英国の二院制の歴史は古く、一三三〇年代の頃には、貴族や聖職者からなる上院（貴族院）と、選挙で選ばれる騎士や市民代表からなる下院（庶民院）とに分かれましたが、当時は下院が多数で議決した法案なども、上院で否決されることが少なくありませんでした。

二〇世紀に入って、自由党のアスキス内閣の時に議会法を制定し、やっと下院優位の議会が実現しましたが、これで上院は予算案を否決できなくなり、法案も三会期引き続き下院が議決すれば、上院が反対しても法律として成立することになりました。

このようにして、有権者から選挙で選ばれた多数党が、国政を担うという仕組みが誕生したのです。

Ｅ　ウエストミンスター・モデルの世界的な普及

ウエストミンスター・モデルとは、英国で発展した議会主権、議院内閣制、二大政党制、二院制、小選挙区制などからなる一連の英国の統治体制のことをいいます。ウエストミンスターとは英国議会の所在地名で、日本の永田町に当たるものです。

当時、英国は強大な海軍力を背景に、世界貿易を支配する世界最大の覇権国家であり、それを支えた政治制度も、国家の統治システムのお手本と見られていたのです。

もともと英国の植民地だったアメリカ、カナダ、オーストラリア、ニュージーランドなどにこの一連の政治制度が導入されましたが、独立後も多くの国がそのまま存続させました。

アメリカは、英国国王に代わり大統領制や徹底した三権分立制に移行しました（第3章、参照）が、その他の多くの旧植民地は、英国国王を象徴的な君主にする議院内閣制などの政治システムを継続させました。そして、英国圏のみならず、その他の後発国に大きな影響を与え、英国特有の二大政党制や小選挙区制も、当然、見習うべきモデルとして多くの国で政治体制の指針となっていったのです。そのなかには、日本も当然含まれていました。

第2章　英国の行き詰る二大政党制

英国の小選挙区制を基盤とする二大政党が行き詰っていることは、最近のさまざまな選挙結果などを見れば理解できることだと思います。

第1節　矛盾が広がる小選挙区制

A　二大政党が占める議席率と得票率の低下

下院の総議席に占める二大政党の議席の割合は、かつては、ほぼ一〇〇％に近いものでしたが、近年では八〇％台に下落しました。得票率にいたっては、一九五〇年代では二大政党で九〇％以上であったのが、しだいに低下して近年は六〇％台に落ち込んでいます。

一九七四年総選挙と二〇一〇年総選挙では、二大政党で想定されていた単独政権の樹立も難しく、過半数の議席を得た政党がないパーラメント議会（宙づり議会）が発生して連立政権へ移行せざるを得ませんでした。

B　多くの死票

小選挙区制で、とくに二大政党が伯仲していると、当選者の得票と落選者の得票がほぼ半数となります。ですから、約半分の有権者の声が議会に反映されないことになります。

小選挙区制とは、もともとそういう制度だから仕方がないと考える方も多いと思います。しかし、最近は第三の政党の候補者が出るようになると、そう簡単に割り切ることができなくなってきています。二〇一〇年の総選挙では、三分の二の選挙区において、過半数の得票を得ない候補者が当選したともいわれます。すなわち、多くの選挙区で五〇％以上の死票が生まれたということです。

一九八八年の選挙では、第二党となった労働党が二七・六％の得票率で二〇九議席を獲得しましたが、第三党の自由党は労働党に得票率でわずか二・二％劣っただけにもかかわらず、議席数は二三議席しか得られませんでした。結局、自由党への投票した有権者の九五・七％は無駄になったわけです。小選挙区制は少数意見を切り捨てる制度なのです。

C　得票率と議席数の逆転現象

英国では、選挙の結果が民意に反する政府が成立するケースも生じています。小選挙区全体の得票率と議席率の逆転現象のことです。

一九一〇年の選挙では、得票率は保守党四六・九％に対し、自由党は四三・二％でしたが、議席数は自由党が二議席上回り、自由党内閣が維持されました。

一九二九年では、保守党、自由党、労働党の三つ巴の争いとなりましたが、保守党は三八・一％の得票率で二六〇議席、自由党は二三・六％の得票率で五九議席、労働党は三七・一％の得票率で二八七議席をそれぞれ獲得しました。このときは、得票率で保守党に一％劣る労働党が二七議席リードして、労働党政権が成立しました。

最近の選挙でも、同じような現象が生まれています。

一九五一年の選挙で、保守党の投票率が四八・〇％で過半を超える三二一議席を占めたのに対し、四八・八％の得票率で保守党を上回った労働党は二九五議席にとどまりました。一九七四年の選挙では、逆に労働党の得票率が三七・一％で三〇一議席を獲得したのに対し、得票率が三七・八％であった保守党は二九七議席でした。

このように、二〇世紀の二六回の選挙のうち、五回は投票率で上回った政党が議席率では劣り、政権を成立させることができませんでした。

D　二大政党以外の政党の台頭

二大政党が獲得する議席率と得票率が低下するにつれて、それ以外の自由民主党、スコットランド国民党、英国独立党などのその他の政党へ投票する有権者は増えてきましたが、それにより小選挙区制がもつ得票率と議席率との矛盾が一層あらわになってきました。

二〇一四年総選挙では英国独立党は一二・六％の得票率で第三党となりましたが、一議席しか取れませんでした。二〇一九年総選挙で自由民主党は、得票率一一・六％を獲得したものの、議席率一・七％で終わりました。自由民主党は、八〇年代以降は恒常的に二〇％を超える得票を得ており、一九八三年には二五・四％の得票率にもかかわらず、わずか二三議席で三・五％の議席率に終わりました。

一方で、スコットランド、ウェールズ、北アイルランドを拠点とする地域政党が台頭し、二〇一九年総選挙ではこれらの地域で二大政党は振るわず、スコットランド国民党は、スコットランド選挙区定数五九議席中四八議席を獲得しました。北アイルランドでは一八議席中、シン・フェイン党（七議席）と北アイルランド同盟党（一議席）が、ウェールズでは四〇議席中、プライド・カムリ（四議席）とそれぞれの地域政党が議席を獲得しています。

とりわけ、スコットランドは労働党の金城湯池で、かつてはほぼ全議席を独占していましたが、二〇一五年選挙ではたった一議席しか獲得できず、その面影もなくなってしまいました。

E　議席の固定化

英国の小選挙区制の下では、政党による議席の固定化が顕著に現れています。

一九五〇年から一九六六年までの六回の選挙では、六八〇議席のうち二四一議席は保守党候補者が当選し、二四二議席は労働党候補者が勝利を収めました。二議席は自由党でしたから、全体の七七％は連続して同じ政党の候補者が当選する議席が固定化していたのです。

これらの保守党あるいは労働党の強い地盤では、相手方は勝利が望めません。そこで、残りの四分の一の選挙区の議席をどちらが多く獲得するかで、政権の行方が決まったのです。

直近の選挙では、ＥＵ離脱が争点となり、離脱を強硬に主張したジョンソン首相の保守党が、労働党の地盤でもかなりの議席を獲得して世間を驚かせましたが、基本的な構図は変わっていないと思われます。

F　EU選挙に見る多党化現象

ＥＵ離脱前の英国は、ＥＵ選挙で総定数七五一議席中、英国に七三議席が割当られていました。ＥＵ議会の議員選挙の方法は、単純比例代表制か単記移譲式比例制のいずれかに限定されています。英国の小選挙区制やフランスの小選挙区二回投票制は、ＥＵ議会選挙においては行うことができません。当時の英国では、ＥＵ選挙において地域によって異なる選挙方法がとられ、北アイルランドだけは単記移譲式比例制が採用されましたが、その他の地域では拘束式の単純比例代表制が採用されていました。

国内選挙と異なり、ＥＵ選挙は国民の関心が薄く、投票率はこれまで四〇％を超えたことがないばかりか、比例代表制のため政党間の票が分散される傾向がありました。

そのため、小選挙区制で行われる国内の総選挙と単純に比較できませんが、多くの政党が参加で

得票率と獲得議席　2014年　2019年

	2014年	2019年
英国独立党	① 27.5%、24議席	
ブレクジット党		① 31.6%、29議席
労働党	② 25.4%、20議席	③ 14.1%、10議席
保守党	③ 23.9%、19議席	⑤ 9.1%、4議席
緑の党	④ 7.9%、3議席	④ 12.1%、7議席
スコットランド国民党	⑤ 2.5%、3議席	⑥ 3.6%、3議席
自民党	⑥ 6.9%、1議席	② 20.3%、16議席

＊英国独立党の後継党がブレクジット党。

きて、得票率に応じて議席数が獲得できる制度の下での結果は、とても興味深いものがあります。

二〇一四年と離脱前の最後の欧州議会選挙結果は次の通り（上表）でしたが、いずれも第一党は二大政党以外の政党でした。

国民の関心があまり薄く、投票率が低い選挙とはいえ、小選挙区制との違いの大きさに驚かされます。とくに、二〇一九年の選挙では、政権党である保守党は、わずか九・一％の得票率で第五党という結果に終わりました。

G　国民投票・住民投票への依存

英国においても、国民投票や住民投票が行われますが、必ず実施されなければならない義務的なものではなく、あくまで議会の裁量で行い、しかも結果が議会を拘束するものではありません。

それでも最近、しばしば実施されるようになりましたが、その要因は、投票にかけられたテーマがいずれも、国民や住民の間や政党内外を二分する問題であったことです。そのため、従来のように議会内では決められずに、時の政府が国民投票や住民投票に下駄を預けるかたちになったと考えられます。

最近、話題となった国民投票や住民投票としては、次のようなテーマで争われました。

☆　選挙制度改革に関する国民投票（二〇一一年）

過半数割れの保守党が、単記移譲式投票制を主張する自民党と国民投票を行うことを約束して連立政権を成立させたことにより実施。結果は、反対多数で提案は否決。

☆　スコットランド独立に関する住民投票（二〇一四年）

スコットランド議会で独立を主張するスコットランド国民党が多数を占め、独立の機運の高まりから、保守党が実施を約束。投票は、僅差で否決。

☆　ＥＵ離脱に関する国民投票（二〇一六年）

保守党内部で従来からのＥＵに不満を持つ議員の行動が政権運営に影響を及ぼすようになってきたため、キャメロン首相が国民投票で決着する道を選択。投票結果は、離脱賛成が多数で、キャメロン首相は辞任し、後任のジョンソン首相がＥＵ離脱を実行。

これから分かることは、小選挙区による二大政党制は、比例代表制の多党制よりも「決められる政治」を行うことができると喧伝されていますが、政党内を二分する大きな問題が生じた場合には、必ずしも決めることができないということです。近年の社会の多様化・複雑化に伴い、従来の既存の政党の理念や考え方、政策を超えた課題が多くなってきたからだと考えます。

第2節　英国の小選挙区制改革の試み

英国においても、かなり早い段階から小選挙区制が抱える弊害も認識されていて、時代を超えて様々な改革運動が試みられてきたのです。

また、地域議会においては、いずれも比例代表型選挙制度が採用されています。それらの事例を紹介したいと思います。

A　ジョン・スチュアート・ミルらの運動

一九世紀後半に、英国のトーマス・ヘアが考案した単記移譲式比例代表制が当時著名な社会運動家であったジョン・スチュアート・ミルらの支持を得て、この制度の導入を目的とする選挙比例代表協会が一八八四年に設立されてから、この運動が広まっていきました。

しかし注意しておかなければならないことは、この比例代表制を推進する運動が、得票率と議席率を比例させる公正性を求めるという目的だけではなかったことです。むしろ関心は、選挙権が労働者階級まで拡大されたときに、数の上では少数となる「教養ある有産者階級」の代表者を守り、政治の大衆化に伴う衆愚政治と「多数の専制」を防ぐことに主眼があったことです。

単記移譲式比例代表制は、教養ある少数派が議会に代表を送ることを保障する制度として運動が行われていたのです。

結局、この運動は議会の多数の賛同を得られず、むしろ完全な小選挙区制の実施の方向へと進んでしまいました。

B　労働党のトニ・ブレア党首の試み

当時、野党であった労働党は一九九七年の選挙で下院の選挙制度改革を公約しました。しかし、選挙で労働党が大勝したため、改革はうやむやに終わってしまいました。この時に提案された改革案は、比例代表制の一種である追加型議席制でした。

（注）　追加型議席制（AVプラス）

小選挙区比例代表連用制とも言われます。有権者は一票を小選挙区の候補者へ、もう一票を比例代表の政党へ投票します。小選挙区部分は、当選した候補者の数が獲得議席数になります。比例代表部分は、まず全体の得票率で各政党へ議席配分がされますが、次にその配分された議席数から小選挙区の当選議席数を除いたものが、実際に各政党に配分されます。

そして、小選挙区議席数と比例代表で実際に配分された議席数を加えたものが最終的な各政党の獲得議席になります。少数政党に有利な仕組みになっています。

同時に公約した地方分権改革は実施され、その時に地域議会も創設されました。新設されたスコットランド議会やウェールズ議会では追加型議席制が、北アイルランド議会では単記移譲式投票制

選挙制度の種類	採用している選挙
単純小選挙区制	国会下院、イングランド・ウェールズ地方選挙
単記移譲式投票制（ＳＴＶ）	北アイルランド議会選挙・地方選挙・ＥＵ選挙、スコットランド地方選挙
追加型議席制	スコットランド・ウェールズ・ロンドン議会選挙
拘束名簿式比例代表	英国ＥＵ選挙（ＥＵ離脱で消滅）

が導入されました。

C　保守党と自由民主党の連立内閣の国民投票

二〇一〇年の選挙で過半数の議席を得られなかった保守党が、自由民王党が主張する単記移譲式投票制を国民投票にかけることを条件に連立政権を成立させました。

しかし、保守党自体はこの選挙制度改革に消極的であったため、党員や国民に働きかけも行わず、さらに制度が複雑なこともあって、提案は国民投票において大差で否決されました。第三党である自由民主党は、選挙で毎回そこそこの得票を得ながら、小選挙区制の壁で議席の獲得を阻まれる状況を脱したいという強い思いは、結局実現しなかったのです。

D　小選挙区制を採用しない地域議会

英国は、小選挙区制の国との印象が強いと思いますが、地方選挙を含めると様々な選挙制度が共存しています。しかも面白いことに、地方選挙の多くが、小選挙区制と異なる比例代表制に近い選挙制度を採用していることです。

英国連邦は、イングランド、ウェールズ、スコットランド、北アイルランドから構成されますが、労働党のブレア政権のときの地方分権改革として、イングランド以外の地域にそれぞれ地域議会が創設されました。

地域選挙とは、各地域での選挙のことですが、特別に自治権を認められている大ロンドン議会選挙を含める場合もあります。このうち、スコットランド議会、ウェールズ議会、大ロンドン議会は追加型議席制度を、北アイルランド議会は単記移譲式投票制度を採用しています。いずれも、比例代表制の一種ですが、小選挙区制の生みの親である英国国会とは異なる選挙制度を採用しているのは、とても興味深いことだと思います。

第３節　今日の英国の二大政党制から学ぶこと

小選挙区制による二大政党制が政治のお手本と考える人がわが国においても少なくありませんが、その沿革をたどれば、英国の一時代におけるさまざまな事情が重なって、誕生したものであることがわかったと思います。

当時は、それまでの腐敗選挙区、選挙人数や定数の極端なアンバランス、複数選挙権などの様々な不合理な制度を是正することに主眼があって、結果的に小選挙区制に収れんしていったのです。

二大政党が実現していた英国においては、すでに勢力の拮抗する保守党と自由党による二大政党による議院内閣制が確立しており、小選挙区制を導入することに何らの支障がなかったどころか、むしろ二大政党による政権交代をスムーズに行うために適した制度だったのです。小選挙区制が二大政党制を生んだのではなく、二大政党制が小選挙区制をもたらしたのです。

しかし、両党を支えた、かつての階級社会がしだいに崩れて、無党派層が増えたことから、その人たちの支持を得ようとして保守党は左寄りの政策を、労働党は右寄りの政策をとるようになってきました。その結果、二大政党としての性格が曖昧になり、政党としての違いが薄れてきています。また、政党の規模が大きいことから、党内で様々な考え方の政治家を抱えることになり、党内抗争が高まり、執行部は党の一体性の確保に、いずれも苦慮しているのが現状です。

一方で、民意の多様化に十分対応できないことから、総合デパート型の二大政党から、特定の政策に重点を置く専門型政党が台頭し、それらの少数政党に支持者を奪われる現象も目立ってきました。反EUや反移民・難民を煽るポピュリズム政党や、従来から存在する地域主権を声高に掲げる地域政党が存在感をますます高めています。

そのような状態に陥っても、二大政党制の崩壊をかろうじて維持できるのは、小選挙区制のお陰であると言っても過言ではありません。

わたしたちは、すでに時代遅れになりつつある選挙制度にとらわれることなく、今日のわが国が直面する問題を解決するのに最も適した制度を考え、実現していることが求められているのではないでしょうか。この課題については、第7章で取り上げます。

第3章　アメリカの二大政党制

第1節　アメリカ二大政党制の起源

アメリカの初代大統領はジョージ・ワシントンですが、一七八〇年代から政府内には各州の権利を尊重していこうとする州権主義の人たちの共和派（リパブリカン）と、連邦政府の権限をなるべく強めていこうとする中央集権主義の人たちの連邦派（フェデラリスツ）が対立していました。

その後、共和派が優勢となりましたが、第六代大統領ジョン・クインシー・アダムスの時に、共和派の中で党内争いが生じ、大統領を支持する一派が「国民共和党」を名乗り、次の第七代大統領となるアンドルー・ジャクソンを支持する勢力が「民主共和党」を名乗りました。

この「国民共和党」が「ホイッグ党」と改名し、現在の「共和党」につらなっていき、一方、「民主共和党」が今日の「民主党」となりました。これらが現代アメリカの二大政党の始まりともいえますが、いずれも州権主義者の末裔だったのです。

初期の頃は、国民の日常生活に関わる事柄の多くは州政府が執り行い、人々の関心は自分の住む州政治に向けらてており、各州はそれぞれ異なる政治事情を抱えていることから、さまざまなタイプの異なる政党が対立していました。
一八二〇年代頃から関税収入を始めとする国レベルでの資源や財政・金融政策が重要となり、政治家は次第に連邦政府の持つ大きな役割に目を付けるようになっていきました。

アメリカ二大政党の主な変遷

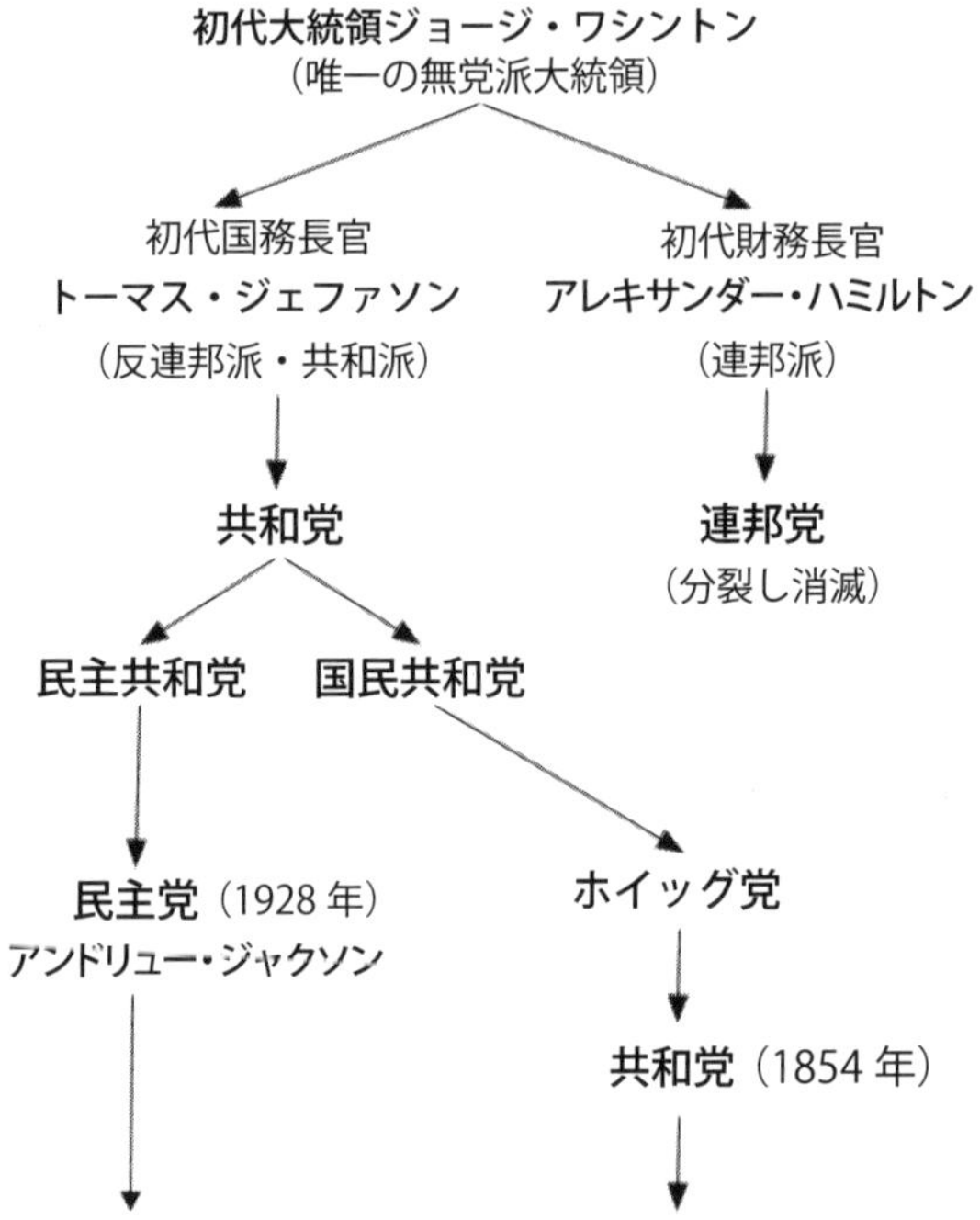

そこで、大統領選挙や連邦議会議員選挙で勝利するために他州の政治家と協力するようになり、全国的な連合が成立していったのです。
連邦議会議員選挙や州知事選挙など主要な選挙が小選挙区制をとっているため、こうした連合はしだいに二つの政党に収れんしていきました。アメリカの政党の組織やイデオロギーでまとまりのないのは、このような経緯からで、政治家は州内で独自の立場で活動していたからな

のです。

アメリカでは、誕生以来今日まで数多くの小政党が誕生しましたが、国民の永続的な支持を集めることができずに消えていき、今日の民主党と共和党の二大政党制が確立されたのです。それを後押ししたのは、大統領制と小選挙区制であったことが大きな要因だと思います。

第2節　アメリカの政党の特徴

アメリカの政党は、「選挙に候補者を立て、政府などの掌握を目指す組織」という点で他国との共通点がありますが、その他の点では次のような大きな違いがあります。

ヨーロッパなどでは様々なイデオロギーや綱領や政策によって政党が結成されますが、アメリカの二大政党は、特定のイデオロギー、信条、主義、階級などで結ばれた政党ではなく、地方政党の連合体、さらに利益集団や社会集団など様々な意味での連合体から成り立っている政党なのです。そのため、イデオロギー的な一貫性に欠けるものの、実用性・合理性を重視して多くの有権者の支持を獲得しようという性格を強く有しています。

A　地域政党の連合体です。

二大政党制は南北戦争時代から存在していましたが、当時から選挙区ごとに政党組織が発達してきたため、その性格は地域ごとに異なっていました。そもそもアメリカでは、連邦議会選挙の際にも連邦の党本部は候補者の公認権は持たず、候補者は選挙区ごとに予備選挙や党員集会で決定されるように、地域ごとの自律性が極めて強い政党制となっているのです。

B　政党組織が地方分権的であり、党首も存在しない。

政党組織は州単位に独立して組織化されており、全国組織である全国政党委員会は常設の機関ではなく、四年ごとの大統領候補者を選出するための準備運営組織に過ぎません。他の国の政党のような政党本部がないことから、同じ政党であっても各州独自の見解や政策を掲げており、全国共通のものもないのです。

政党には一般に党を代表する党首というものが存在しますが、アメリカの二大政党の民主党と共和党には党首がいません。政党組織のリーダーといわれる人たちは、党の政治家や候補者、党の運営に関わる者などといった指導者レベルの人たちで、いわゆる「幹部政党」といわれる形態の典型的なものとなっています。

C　様々な利益集団・信条団体の連合体です。

小選挙区制の下では、イデオロギー集団や利益集団は自ら政党を結成することなく、二大政党やそこに所属する政治家に働きかけ、提携して自らに有利な政策の実現を図ろうとします。民主党においては、一九三〇年代のニューディール時代に労働者、小農、黒人やエスニック集団たちが有力な支持基盤となり、一九六〇年代には低所得者や女性、同性愛者、環境保護団体がこれに加わってきました。

一方共和党には、大規模農業者や企業経営者が主たる支持者でしたが、その後、銃規制反対団体、進化論否定論者や人工妊娠中絶を認めない宗教右翼と言われる人たちが参加してきました。

D　厳格な党の綱領や規律がありません。

党首脳の方針や意向に反して、所属議員が法案等に反対しても、除名されたり次の選挙での公認候補の指名を受けられないということはありません。そのような議員であっても、予備選挙や党員集会で多数の支持が得られれば、党の公認候補になれるのです。

アメリカの政党は、党の理念・信条や政策・主張をまとめた体系的な文書を持ちませんし、選挙のたびに党大会で採択される綱領的なものは、単発のもので、内容が従来のものと一貫したものとは限らず、政権をとっても必ず実現しなければならないものでもありません。同じ政党の政治家や候補者でも、かなり主張が異なるものがいて、必ずしもイデオロギーや政策で目標が一致していないのが実態です。

大統領選挙においては、正式に政党から指名を受けた候補者の受諾演説の内容が、綱領と見なされているのです。

E　政党規律が弱いです。

アメリカの政党が様々なイデオロギーや利益集団の連合体であるということは、党内に立場の異なる団体や政治家を抱えることにもなり、そのかじ取りが難しいとも言えます。

たとえば、民主党内では白人中心の労働組合と黒人や移民のマイノリティー団体との間で賃金格差や雇用形態で利害対立が生まれ、共和党内でも企業経営者や富裕層が政府の介入を拒否するのに対し、公立学校での祈りの時間や、病院での妊娠中絶規制に政府の介入を求める宗教右派との考え方の違いが見られます。

これらに対しては、政党としての政策方針よりは個々の議員の判断で投票を行うことが一般的に行われています。

F　政党は自党の政治家に指揮監督する権限を持ちません。

政党の民主化の一環として予備選挙や党員集会が導入されて以来、政治家は支持してくれた党員に対して責任感は有するものの、党首脳部の所属する政治家に対する発言力や指導力は失ってしまいました。

G　党員があいまいで、規律もありません。

投票を行うために有権者登録をしなければなりませんが、その際に支持政党を申告した者がその政党の党員と見なされます。そして、いずれかの政党支持を申告しない者は「非政党支持者」として扱われるのです。政党の党員と見なされた者は、その党の予備選挙や党員集会に参加できますが、多くの有権者の支持を受けるため、党員に対する規律的なものも一切存在しません。したがって、党員といっても名ばかりのもので、党費を支払ったことのない者や党員集会に出席したことのない者も少なくありません。また、ある政党の党員と登録した人も、選挙で寝返って相手政党に投票することもあり、党員といえどもなんら制約を受けません。アメリカの場合、一体、党員とは何なのか考え込んでしまいます。

H　候補者選出に対する予備選挙・党員集会実施の義務付があります。

多くの州で、政党が候補者を選出するには予備選挙か党員集会を行い決定することが州法で義務付けられています。かつては、それぞれの政党の政治家や党幹部などによる密室の話し合いで決められていたのですが、選出手続きがオープンで公的なものとして位置づけられるように変わったのです。わが国でもそういう試みが行われたところもあるようですが、なかなか定着しません。わが国の場合、党本部と県連の意向が対立することも少なくありませんが、国政選挙の場合には党本部が公認権を握っているところがほとんどのようです。

第3節　二大政党の分岐点

A　分岐点の変遷

二大政党は、このようにそれぞれ党内に様々な考えや政策を持つ政治家を抱えているものの、それでも大きな争点となる問題については異なる立場をとり、その立場の違いが二大政党の分岐点になったと言えます。分岐点となった大きな相違点は、時代とともに次のような変遷をたどりました。

①第一次政党制（一八〇〇年～一八二八年）
　中央集権主義（フェデラリスト）VS 州権主義（リパブリカン）

②第二次政党制（一八二八年～一八六〇年）
　連邦政府の権限拡大（ホイッグ党）VS 拡大反対（民主党）

③第三次政党制（一八六〇年～一八九六年）
　奴隷制反対（共和党）VS 奴隷制賛成（民主党）

④第四次政党制（一八九六年～一九三二年）
　産業資本主義推進（共和党）VS 商業・農業保護（民主党）

⑤第五次政党制（一九三二年～一九六八年）
　ニューディール政策推進（民主党）VS ニューディール政策消極的（共和党）

⑥第六次政党制（一九七〇年代～）
リベラル・大きな政府（民主党）VS保守・小さな政府（共和党）

B　政党と支持者・支持団体

二〇世紀以降、投票率も徐々に低下してきており、今日では大統領選挙でも五〇％強というところです。また、特定の政党に帰属意識を抱く有権者も減ってきて、いわゆる無党派層が増えて、有権者の約三分の一は無党派層と言われています。その結果、選挙の種類によって投票先の政党を変える分割投票も多くなってきているようです。

その要因として、アメリカの政治が長期的には政党中心のものから、政策中心のものに変化してきたことがうかがえます。

その結果、政党と有権者の間に割って入る組織主体が数多く登場してきました。かつては、それは労働組合や、禁酒運動や公民権運動などの社会運動組織に限られていましたが、現在は様々な会員制組織や利益団体が結成され政治に影響力を及ぼすようになったのです。

環境保護団体、高齢者のための利益団体、銃規制反対団体、妊娠中絶・同性婚反対の団体など、有権者はそれぞれ自分の関心のあるこれらの団体に所属することで、政治に関わるという感覚を得られるような環境が生まれてきています。たとえば共和党には、小さな政党を主張する経済保守派、キリスト教倫理を重視する社会的保守派、ソ連に強硬な立場をとるタカ派の軍事的保守派などが混在しています。

C　少数政党

南北戦争時代以降、数多くの少数政党が出現しては消えていきました。二大政党のいずれかの政党から分裂した少数政党を除いて、少数政党は大統領候補者を指名して選挙で善戦したものもありましたが、一人も大統領を当選させられなかったのです。

少数政党のうち顕著な活躍をした例として、一九一二年に共和党の一部と結成した革新党（進歩党）が、前大統領のセオドア・ルーズベルトを擁立したものの、民主党のウィルソンに敗れました。比較的最近では、事実上無党派で立候補した事業家ロス・ペロや社会運動家ラルフ・ネーダーなどが有名です。

小政党がその後発展しなかった理由はいろいろ考えられますが、小選挙区制であることが大きいと思います。

第4節　アメリカの利益団体・人種・宗教と政党

A　利益団体

アメリカでは立法権が議会に帰属していることから、様々な利益団体が政党のみならず個々の議員に対して、陳情やロビングを行っています。利益団体の多くは、その団体の構成員の利害を追求するもので、たとえば特定の企業や業界、経済界全体、またその反対側の労働組合などがそうです。

さらに、人種・エスニック集団、女性、高齢者、障害者、同性愛者など特定のアイデンティティを共有する団体や、宗教、イデオロギー、環境保護、銃規制反対など関心にある課題に基づいて作られた団体なども、それぞれの目的を達成するために政治にかかわりをもっています。争点が社会全体に大きな影響を及ぼすような場合には、複数の団体がネットワークを形成して相互に連携しながら活動を行う場合もあります。

これら団体は、通常は党派を超えて働きかけますが、内容や性質によって特定の政党と緊密な関係になることが少なくなく、政党側もその団体を選挙などで自分の陣営に取り込もうとしています。

B　人　種

サラダボールといわれるぐらいアメリカでは多様な人種の人たちが存在していますが、人口構成で多い順に現在、白人系六一%、中南米のヒスパニック系一八%、アフリカ系一三%、アジア系六%と言われています。

白人系の人たちの中でも富裕層や中産層と貧困層と二極化されており、ホワイトカラーはおおむね進歩的な考えを持ち、民主党を支持していますが、ブルーカラー層はプアホワイト（貧しい白人）とかホワイトラッシュ（白いごみ）とも呼ばれ、共和党を支持する傾向が強いようです。この中には、オルタ右翼（オルトライト）と呼ばれる過激な保守思想を有する人たちも少なくありません。アフリカ系アメリカ人は、社会的な不平等からマイノリティーの権利を重視する民主党を支持する傾向が強いです。

ヒスパニック系の人口の増加が著しく、二〇四五年頃には白人も比率が五〇％を割ると予想されているほどです。ヒスパニック系も民主党支持者が多いですが、有権者登録を行っていない者も多く、これらの人たちの投票率が選挙の行方を左右するとも言われます。

C 宗教

アメリカではキリスト教を熱心に信仰する人が多く、この宗教票が重要になります。このキリスト教は大きくカトリック、プロテスタント、東方正教会に分かれますが、宗教人口の半数を占めるプロテスタントは従来からのルター派、カルビン派（長老派）、聖公会などの主流派と、急進的な保守思想の福音派が対立しています。

多数を占める福音派は宗教右派で「聖書に書かれていることはすべて真実である」という原理主義的な立場をとり、六〇年代頃から急速に共和党とのつながりを強めていますが、とりわけ、南部バプティスト連盟は強力な共和党の支持基盤となっています。学校教育の場で進化論を教えることに反対し、州に働きかけ制限する法律を成立させることにも成功しました。しかし、多くの訴訟が提起され、最終的には一九八七年に連邦最高裁で進化論を教えることを禁じたルイジアナ州法は違憲であるとの判決が下され、一応の区切りが付けられたのです。

一方、プロテスタント主流派は、おおむねリベラルな方向性を示しており、民主党支持者が多いと言われていますが、カトリックは内部に亀裂が生まれ、一部は福音派とともに、過激な宗教右派を構成していると言われています。

第5節　政党と政治資金

A　政治活動委員会（PAC）

各種団体と政党との関係は、政治献金の拠出先にも表れていて、現在は、企業や労働組合が直接政治献金を行うことは禁止されていますが、従業員や組合員を構成員とする政治活動委員会（PAC）を設立・経由して、小口の献金を集約して関係の深い政党や政治家に政治献金を行っています。

しかし、これは選挙のための政治献金の規制ですが、その脱法的バイパスとしてソフトマネーと称する選挙運動以外の政治活動への政治献金が普及するようになったのです。その資金がなかには、敵対する政治家・候補者に対するネガティブ・キャンペーンに使われる例もあったといわれ、そこで二〇〇二年の選挙資金法改正で、政党がこのソフトマネーを受領することを禁じる法律が成立しました。

Ｂ　スーパーＰＡＣ

しかし今度は、政治献金を行わない新たな政治活動委員会（スーパーＰＡＣ）が設立されるようになり、資金の上限規制を受けることなく、テレビ・新聞などで自らの主張を表明・宣伝を行うようになり、これが事実上特定の政党を支援する結果ともなったのです。

これについては、選挙資金法違反ではないか最高裁まで争われましたが、それら団体の行為を規制することは言論の自由に反するとして最高裁は規制を認めませんでした。

Ｃ　選挙資金の公的補助

一九七六年以降、大統領選挙に立候補する者に対しては、選挙運動資金の公的補助制度に参加できるようになりました。二〇〇〇年選挙までは、大統領候補の指名を受けた候補者は全員この制度に参加していましたが、指定された限度額以上は使わないという制約があり、次第に魅力に欠けるものとなり、現在はこの制度に参加する候補者はいません。それだけ、メディアの活用など選挙に使用する資金が高額となり、一方で民間から容易に資金調達することができるようになったことが要因です。

第6節　二大政党の分極化と対立の激化

Ａ　リベラルと保守の違い

民主党はリベラル、共和党は保守といわれますが、あまり鮮明ではなく、独立宣言、合衆国憲法、自由・民主主義・平等などのアメリカ的信条などは共通して守ろうという立場にあります。

現代的な意味で、リベラルと保守の違いは、フランクリン・ルーズベルトが一九三〇年代に大恐慌から脱するために政府が行ったニューディール政策など積極的な役割を支持する立場の人たちを指しますが、その後、民主党政権が推進した社会福祉政策や公民権運動に賛同した人たちも加わりました。そのため、政府の社会への積極的な関与を求め、いわゆる「大きな政府」を容認する立場です。

これに対し保守派は、政府が個人に介入することを極力拒否し、これらのリベラルの考えを行き過ぎと考える人たちで、共和党に結集するようになり、経済的には政府の関与をできるだけ拒否する「小さな政府」を主張します。

Ｂ　政治家の分極化とその要因

民主党は左派、共和党は右派という傾向にあるものの、一九七〇年代には比較的穏健な立場をとる政治家が多く存在し、両党の対立はそれほど激しいものではありませんでした。しかし、二〇一〇年代に入ると、民主党の政治家はより左へ、共和党の政治家はより右へ位置するようになり、イデオロギーによる分極化が激しくなってきました。

その理由は次のようなことが考えられます。

① 第一に、両党の候補者を選ぶ予備選挙に要因があるといわれます。アメリカでは政党本部が候補者の公認権を持たずに、選挙区ごとに平日に行われる予備選挙や党員集会で候補者が決定されます。しかし、平日に仕事を休んで参加する党員たちはイデオロギー志向の強い活動家が多いため、候補者もそれらの意向を反映する候補者が選ばれることになると言われています。

② 最近はメディア選挙が主流となり、選挙費用を提供するやはりイデオロギー的志向の強い団体の影響力が強くなってきたことも大きな要因だと思われます。

③ 南北戦争以後に民主党の地盤であった南部が、民主党のニューディールや公民権運動以降、多くの白人党員が共和党に鞍替えし、政党間のイデオロギーの違いをより鮮明にさせました。

④ ニューディール以降、連邦議会では民主党優位の状態が続きましたが、一九九〇年代に入ると両党の勢力が拮抗するようになりました。そこで両党がお互いに有権者によりアッピールするように妥協や協力を拒否し、逆に対立状態を演出するようになったといわれます。

⑤ この党派的分極化の現象は、政治家だけでなく社会全体に及んでおり、どちらかというと民主党支持者は、大都市圏に多くリベラル・左派的な傾向を示すのに対し、共和党支持者は、農村地帯に多く保守・右翼的な傾向を示すようになっています。一方で、穏健的な立場をとる有権者が少なくなってきていると言われています。

Ｃ　議会行動の政党における一体化現象

連邦議会では、日本の国会のような党議拘束は存在しません。それぞれの議員が自律的に行動する結果、それまでは法案を巡って政党間で対立することも少なくありませんでした。一九七〇年代には両党が対決した法案は三割程度でしたが、その後徐々に上昇し、一九九〇年代には六割前後に及ぶようになったと言われます。

その要因の一つは、イデオロギー的なまとまりが強まり、政党指導部と一般議員の間に考えが共有され、指導部の方針に一般議員が従うようになったことと、二つ目に、政策形成に影響を及ぼす利益団体が、一方の政党に集中的にロビングを行うようになったことが考えられます。

また、選挙においてメディア広告の影響力が大きくなるとともに、党組織が候補者にその資金や世論調査に基づくノウハウを提供するサービス機関としての役割を果たすようになり、両者の関係が緊密化してきたことも要因となっています。

最近はそれぞれの政党がイデオロギー的な一体性を強めてきており、多くの政治争点について団結して行動するようになってきています。とくに、共和党において顕著であるといわれており、一九九四年の選挙では四〇年ぶりに上下院で多数派となりましたが、この選挙では下院議長となったニュート・ギングリッチが「アメリカとの契約」という共和党の綱領的な公約集を提示して選挙に臨んだことが党の一体感を生み、勝利に導いたといわれます。最近では、ますますその現象が高まっており、党の方針に従って投票する議員が両党とも九割近くに及び、政党の一体化現象がさらに進んでいるようです。

第4章　北欧諸国の選挙制度と政治事情

第1節　北欧諸国の歴史

北欧諸国は、スウェーデン、デンマーク、ノルウェー、フィンランドおよびアイスランドの五カ国をいいます。いずれも北ゲルマン語族に属し、ルター派のプロテスタンであり、民族的・宗教的な違いはありません。

一五世紀にデンマークはカルマル同盟（デンマーク、スウェーデン、ノルウェー）の盟主として北欧で最大の勢力を誇り、スウェーデンやノルウェーがデンマーク国王と同君連合の時代もありました。スウェーデンが連合から離脱するとノルウェーはデンマークの支配下に置かれましたが、一九世紀初頭、ナポレオンにデンマークが敗北した後は、スウェーデン国王が支配する同君連合に組み入れられ、ノルウェーが独立するのは一九〇五年になってからです。

フィンランドは、一二世頃にはスウェーデンに征服されていましたが、ナポレオン戦争でスウェーデンが敗北すると、ロシアがフィンランド大公国を建国し、ロシア皇帝が兼任することになったのです。その後一九一七年のロシア革命の混乱に乗じ、同年に独立を宣言し、内乱やソ連との二度にわたる戦争を経て、冷戦時代には中立政策をとるなどして独立を維持しました。

アイスランドは、八七四年にノルウェーから最初の植民が行われたといわれていますが、当初は民主的な合議による自治を目指し、九三〇年に発足した議会「アルシング」は世界最古の民主的議会と称しています。その後ノルウェーの事実上の植民地となり、ナポレオン戦争後にノルウェーはデンマークの支配下からスウェーデンの支配下に移行しましたが、アイスランドはデンマーク領に留まりました。第二次世界大戦中は戦略上の理由から一時英米に占領されましたが、一九四四年にアイスランド共和国としてデンマークから独立を果たしました。

第二次世界大戦では、スウェーデンはかろうじて中立を守ったものの、デンマークとノルウェーはナチス・ドイツに占領され、フィンランドはドイツ側についてソ連と戦った経緯があります。現在、北大西洋条約機構（NATO）に加盟している国は、デンマークとノルウェーだけですが、これはその時の苦い経験から生まれたものだと思われます。

そのほか、君主制か大統領制か、EUやユーロに加盟の有無などに違いがありますが、戦後、北欧諸国だけで「北欧理事会」という組織をつくり、定期的に首脳や大臣などが会合を重ねており、北欧諸国としての一体感を深め、政策の共通化を図っています。

その結果、国家間の類似性が高くいずれも高福祉・高負担の社会国家をつくりあげるとともに、堅調な経済のパフォーマンスを示すという共通点が存在しています。

第2節　北欧諸国の選挙制度

スウェーデンやデンマークに典型的に見られるように議会はかつて、貴族、聖職者、市民、農民による四部会の身分制議会から、貴族や上流階級からなる上院と選挙で選ばれる議員で構成される下院の二院制議会を経て、今日はいずれも普通選挙による一院制議会に至っています。なお、アイスランドでは当初から一院制でした。

ほかのヨーロッパ諸国と異なる点は、一般にヨーロッパでは農民が封建制の下に農奴として扱われたのに対し、北欧では自営農民が多く社会的に一定の勢力を有し、今日でもそれを支持基盤として独自の政党を形成していることです（北欧各国の中央党がこれに当たります）。

また、絶対王政から徐々に立憲君主制へと移行すると同時に、議院内閣制も徐々に確立していきました。現在はスウェーデン、デンマークおよびノルウェーは立憲君主制ですが、フィンランドとアイスランドは大統領制を採用しています。

北欧諸国は過去に小選挙区制の国でしたが、社会経済の構造的進展に伴い、都市住民や産業労働者の増大に伴い、選挙権を拡大し、さらに普通選挙の実施により、小選挙区制では従来の支配階級の議席が危うくなる事態が生じる恐れが出てきました。そこで、それを少しでも防ぐために、支配階級の側から積極的に比例代表制の導入を主張してきた経緯があります。

今日では北欧各国は、いずれも一院制で比例代表制を選挙制度として採用しています。全国をいくつかの選挙区に分けて選挙を行いますが、北欧型の比例代表制の特徴として、フィンランドを除き、総定数のうちあらかじめ一定数の調整議席を確保していることです。

この制度は、各政党の選挙区における配分議席が、総定数を全国の得票に応じて比例配分した議席数に満たない政党には、調整議席から追加配分するというものです。

調整議席は、政党が獲得する得票数と議席数を、全国レベルでできるだけ比例させるべきだという考えから生まれたものです。

北欧諸国の選挙制度の比較図と各政党の立場について、表（次頁以降）を見てください。

第3節　北欧諸国の政治の特徴

北欧諸国の政治事情をみると驚くほど特徴的な共通点が存在します。ここでは、その共通な政治システムについて説明したいと思いますが、その前に現在の北欧五カ国の政権体制と政党体制について、対比図（次頁）でお示ししたいと思います。

A　「北欧五党体制」から「八党体制」へ

政治の主要アクターとなる政党のイデオロギーや数において、驚くほど共通性がありま

	デンマーク	フィンランド	アイスランド	ノルウェー	スウェーデン
議会（1院制）	フォルケティング	リクスダーゲ	アルシング	ストーティング	リクスダーグ
定数（調整議席）	179 (40)	200 （0）	63 (9)	169 (19)	349 (39)
選挙制度	非拘束名簿式比例代表制（個人でもよい）	非拘束名簿式比例代表制（投票権者団体や個人でもよい）	拘束名簿式比例代表制	自由名簿式比例代表制（異党派投票もできる）	拘束名簿式比例代表制（但し１人だけ指名できる。8％で当選）
選挙区数	10 （3つの選挙地域と92の立候補区）	13	8	19	29
議席配分方法	修正サン・ラグ式	ドント式	ドント式	修正サン・ラグ式	修正サン・ラグ式
阻止条項	2%	2%	5%	4%	4%
任期	4年	4年	4年	4年	4年
選挙権・被選挙権	いずれも18歳	いずれも18歳	いずれも18歳	いずれも18歳	いずれも18歳

北欧諸国の政治

	デンマーク	フィンランド	アイスランド	ノルウェー	スウェーデン
首　相	メッテ・フレデリクセン（44歳女性）	サンナ・マリン（34歳女性・社民）	カトリーン・ヤコブスドッティル（45歳女性）	アーナ・ソルバルク（女性、60歳、保守）	ステファン・ローベン（男性、64歳、社民）
	中道左派連合政権	中道左派連合政権	大連立政権	中道右派政権	中道左派政権
与　党	社会民主党（49）、社会主義人民党（15）、ラディケーリ（14）、赤緑連合（13）、他3党（3）	社会民主党（40）、中央党（31）、緑の同盟（20）、左翼同盟（16）、スウェーデン人民党（9）、オーランド連合（1）	独立党（16）、グリーンレフ（10）、進歩党（8）	保守党（49）、進歩党（27）、自由党（8）、キリスト教民主党（8）	社会民主党（100）、緑の党（16） 〈閣外協力〉 中央党（31）、自由党（19）、左翼党（27）
野　党	ヴェンスタ（43）、国民党（16）、保守党（12）、新右翼党（4）、自由同盟（4）、その他2党（2）	フィンランド人民党（39）、国民連合（38）、キリスト教民主党（5）、今日の運動（1）	中央党（7）、社会民主同盟（7）、海賊党（6）、改革党（4）、人民党（4）	労働党（49）、社会主義左翼（11）、緑の党（1）、赤（1）	保守党（70）、スウェーデン民主党（62）、中央党（31）、キリスト教民主党（22）、自由党（20）

〈注〉 2021年9月13日、ノルウェー選挙で、労働党が第1党に返り咲いたので、左派政権が成立する可能性が高い。

北欧諸国の政党の立場

	デンマーク	フィンランド	アイスランド	ノルウェー	スウェーデン
左派	赤緑連合	左翼同盟	グリーンレフト	社会主義左翼党、赤	左翼党
中道左派	社会民主党	社会民主党、緑の同盟	社会民主同盟、海賊党	労働党、緑の党	社会民主党、緑の党
中道	急進左翼党	中央党、スウェーデン人民党	改革党	中央党、キリスト教民主党	中央党
中道右派	保守党、ヴィンスタ	国民連合	独立党、進歩党	保守党	保守党、自由党、キリスト教民主党
右派・ポピュリズム政党	デンマーク国民党（ポ）	フィンランド人民党		進歩党（ポ）	スウェーデン民主党（ポ）

す。長らく北欧の政党は、保守主義、自由主義、社会民主主義、共産主義、農業者の各勢力からなる「五党体制」を基本とした政党システムが継続していました。

ところが、近年は、それに環境問題を重視する政党や、道徳や家庭を大事にするキリスト教系の政党、反移民・難民を強く訴えるポピュリズム的な政党が参入し、「八党体制」に移行するようになってきました。いずれも同質性の高い小さな国々でありながら、政党数が多いのには驚かされます。社会や価値観の多様性を先取りしているようにも思えます。

B　政党とネオ・コーポラティズム

政府と労働組合や経営者団体、農業団体等の集権的な利益団体が、協調的に政策過程に加わる形態を「ネオ・コーポラティズム」と呼ぶようになりました。「新協調主義」や「新協調組合主義」と訳されています。戦前は、「コーポラティズム」はドイツやイタリアのファシズム国家の「職能代表制」を指しましたが、それと区別するため「ネオ・コーポラティズム」と呼ぶようになったのです。

北欧諸国やオーストリアなどヨーロッパの小国で顕著な現象ですが、北欧ではとりわけ政党とこれら社会の職能団体との結びつきが強く、政党システムの形成に大きく影響を及ぼしてきました。しかし、近年は経済の国際化、産業構造の流動化・複雑化が激しく、職能団体の多様化やメンバーの所属意識の希薄化により、政党の党員が減少するとともに、特定の支持政党を持つ有権者の割合が減り続けており、この「ネオ・コーポラティズム」も衰退し変容してきているといわれています。この傾向が政党の多様化の一つの要因にもなっていると思います。

C　社会民主主義政党の優位

北欧諸国は経済発展が遅れて始まりましたが、一九二〇〜一九三〇年代の急速に工業化が進み、それとともに増大する労働者の支持の下に社会民主主義政党が躍進しました。とりわけデンマーク、ノルウェー、スウェーデンでは圧倒的な支配政党として、長期にわたり政権を主導することとなったのです。

その間、経済の世界恐慌や第二次世界大戦を経験するものの、これらの政党が今日の高度福祉国家の基盤を築いてきたのです。

D　ブロック政治

一党では過半数の議席がとれない多党化の北欧諸国においては、連立政権が常態になりますが、左派の社会民主主義政党か、右派の保守政党を中心とする左右のブロック間で政権交代が行われています。

イデオロギー的に「左」から「右」を横軸にすると、各政党の立ち位置がほぼ決まっており、「左」から「右」へ旧共産主義的政党、社会民主主義的政党、農業者政党、自由主義的政党、保守主義的政党の順に並びます。総選挙後の連立交渉においても、左派政権と右派政権とで参加する政党もほぼ固定しており、前者二党が左派政権、後者三党が右派政権となります。

この「五党体制」が最近「八党体制」に移行する国が多くなり、組み合わせが複雑になってきましたが、基本的パターンは変わっていないように思えます。

選挙結果で左右が伯仲している場合は、連立交渉が難しくなり長引くケースも少なくありませんが、一部の政党の政権に対する閣外協力や、組閣への賛否投票における棄権などで少数政権が成立することは北欧では珍しいことではありません。過半数を得なくても、賛成票が反対票を上回れば政権が成立することになっており、このシステムが政治の安定につながっているのです。

E　妥協とコンセンサスの政治

現在は、英米の二大政党間の激しい対立が目立ちますが、その政治の根底には、小選挙区制を基本とする二大政党による食うか食われるかの激しい対立が存在していると考えられます。

一方で比例代表制を採用する北欧諸国においては、一つの政党だけで過半数を獲得することがほとんど不可能なために、多党制を前提とした政治が行われています。選挙前に似通った政党間で政策をすり合わせて協力しながら選挙戦を闘うケースも見られますが、選挙後に連立政権のための政策協定の交渉や、組閣後も重要法案について議会通過のための協議など、さまざまな場面で政党間の話し合いや、妥協しながらコンセンサスをつくり上げる政治風土になっているのです。

そのため、アメリカや英国のような政党間の激しい絶え間のない抗争は存在せず、少数政権の場合であっても内閣不信任による解散もほとんど行われていないので、任期満了による選挙が当たり前になっています。わが国のように与党が党利党略で自党が有利なときや、野党が選挙の準備が整はない時期を狙って解散するというような、公正を欠くような選挙戦術をとることはありえないのです。

北欧政治を特徴付けるものとして「調査委員会制度」が存在します。これは重要政策について、議会に法案として提出する前に、議会外で利害関係者が一堂に会して、話し合い、その結果を報告書としてまとめるための委員会です。メンバーとして与野党議員、関係省庁、学識有識者、関係利害団体などが加わり、事前に関係者間で話し合い、調整を行ってできるだけ対立点を解消するための制度なのです。まさにコンセンサス政治を現す典型的な事例であり、政党間の激しい抗争の緩衝材にもなっていると思われます。

F　消極的議院内閣制

北欧諸国の中でもスウェーデン、デンマークおよびノルウェーの議会においては、首相指名のときでも過半数の反対がない限り指名される制度になっていますが、内閣に対する不信任決議においても、過半数の賛成がない限り成立しない仕組みになっています。

野党が議員数で与党を上回っている場合でも、野党の中で投票のときに中立の立場から棄権をすれば、少数内閣も成立しますし、不信任決議も否決されます。実際にこれらの国においては、少数内閣がたびたび成立しますし、不信任決議による解散もほとんど行われていません。

かつて、スウェーデンで賛成三九票、反対六六票で内閣が成立したことがありますが、この奇妙な現象は、他のいくつかの有力な党が棄権したために生じた結果から生まれたものです。現在の社会民主党のローベン内閣も緑の党との少数連立内閣ですが、中央党、自由党、左翼党の閣外協力で政権を維持しています。

これらは「消極的議院内閣制」と呼ばれ、北欧政治の特徴の一つとなっています。多党制のなかで、少数政権の誕生・存続が可能となる状況をつくり、政治的混乱を避けるシステムとしてうまく機能しているのです。

G　男女均等社会の実現

現在、北欧五カ国の首相のうち四人が女性です。二〇一九年一二月にフィンランドの首相になったサンナ・マリンは当時三四歳でしたが、世界で最も若い在職中の国家指導者になり、話題になりました。この内閣の大臣も一二人が女性、男性は七人にとどまり、四人が三五歳以下と聞くと、わが日本の政治は違った世界にあるような気になります。

マリンは社会民主党党首で、ほかの四党と連立政権を組んでいますが、驚くことにこれら連立与党のすべての党首が女性なのです。

このようなフィンランドまでではないにしろ、北欧諸国はほぼ同じような状況にあります。ノルウェーにおいても、ソールバルグ首相を支える四党連立内閣のすべての党首が女性で、閣僚も二二人中一〇人が女性です。

北欧諸国の政治の世界で男女均等社会を実現した要因として、比例代表制があると思います。北欧五カ国の選挙制度はすべて比例代表制ですが、多くの政党の候補者名簿順位を決める際には、ジッパー方式という男女交互に順番がなるような仕組みを採用しています。女性議員の割合を高めるためのクオータ制の一種とも言えますが、北欧諸国の場合、それを国の法律などにより強制や誘導するのではなく、あくまで政党の自主性にまかされていることです。それでいて、現実にほぼ男女均等の議会や内閣が実現しているのは驚くべきことです。

その背景としては、出産・子育て・教育や親の介護などで女性だけに負担をかけない社会保障・福祉・雇用政策など北欧の社会全般にわたり、男女の格差をなくそうという国民共通の努力があった賜物だからだと思います。けっして政治の世界だけの現象ではないのです。

また、北欧諸国に共通する制度として代理議員制度があります。議員が病気等で長期休暇が必要な場合に、代理人がその議員に代わって職務を行うものです。この制度は、女性の産休や育休にも利用されています。本人のためにも、政党にとっても、その間の議会での表決の際の投票権を失わずにすむ、議員や政党にやさしい制度なのです。

H　ポピュリズム政党の躍進

デンマークとノルウェーでは一九七〇年代初めからポピュリズム政党が議会で議席を得るようになってきましたが、スウェーデンとフィンランドは最近になって台頭してきました。これらのポピュリズム政党は、今日ではいずれも民族的な理由からではなく、おもに経済的理由から移民排斥を訴えて党勢を拡大してきました。とりわけ、十分な負担をしないで社会保障の恩恵を受ける「福祉排外主義」に対する反発がその要因になっています。

今日では、ポピュリズム政党は大きく躍進し、北欧各国で第二党ないし第三党の地位を占めているところが多くなっています。一方で、それらに反発する政党も少なくなく、一部の政党を除いてポピュリズム政党とは連立政権を組まないという態度の既成政党が少なくないことは特徴的だと思います。

このようなポピュリズム政党やポピュリズム政治家が時代の風に乗って急激に出現しても、比例代表制による多党制の下では、その影響力が抑制されます。時がたつにつれて、それらの政党や政治家への冷静な評価がなされて、生き残るものと消滅していくものとに分かれて行くのでしょう。また、生き残ったものも、過激な主張から現実的な主張に変貌してくる可能性が高くなると思いますが、これも比例代表制による多党制の良いところです。

一方、二大政党制においては、最近のアメリカの共和党に見られるように、トランプ前大統領のようなポピュリズム政治家に完全に乗っ取られた場合、両党の対立の激化が社会の分断・両極化という現象を引き起こすケースも生じてくるのです。

第5章　わが国の政治を変えた二大選挙制度改革（Ⅰ）

——護憲三派内閣の改革

第1節　わが国の選挙制度の変遷

選挙制度について、首長を選んだり、議会における議員を送り込む単なる手続、または、技術的なものであると考えている人が少なくないのではないでしょうか。

もちろんそういう規定もありますが、選挙制度のなかには、その国の政治の姿や形を変えるほどの重要な制度も多く含まれているのです。世界各国において、どのような選挙制度が基本的に採用されているかを見れば、おおよそその国の政治状況が予測できるといっても過言ではありません。

選挙制度は、それほど国の在り方に大きく影響を与えるものであるにもかかわらず、わが国においても選挙結果や政治に強い関心を抱くものの、制度自体にはあまり興味を示さない人が多いように思われます。

まず、わが国の選挙制度がどういう変遷をたどったのか見てみましょう。

明治二三年（一八九〇年）に国会が開設されましたが、最初の衆議院の選挙制度は、英国を模して小選挙区制で行われました。もちろん普通選挙ではなく、直接国税一五円を納める富裕層だけが選挙権を与えられたのです。当時の人口の約六％に過ぎなかったといわれています。

その後、明治三三年（一九〇〇年）に大選挙区制へ、大正八年（一九一九年）に再び小選挙区制に戻り、大正一四年（一九二五年）にわが国に長くにわたり定着することになった中選挙区制が導入されました。この中選挙区制は戦後最初の選挙（一九四六年）で一度大選挙区制が行われたのを例外として、その後も引き続き継続し、わが国の選挙制度を特徴づけるものとなったのです。

戦後の自民党と社会党によるいわゆる五五年体制の終焉とともに、一九九三年（平成五年）に日本新党の細川護煕を首班とする八会派による連立内閣が成立しました。翌年九四年に小選挙区比例代表並立制が成立し、現在に至っています。

わが国の国会は開設以来、二院制をとっていますが、戦前は選挙で議員が選出される衆議院と、皇族や貴族、勅撰議員などからなる貴族院に分かれていました。戦後は、貴族院に代わり参議院に衣替えして、議員は衆議院同様に選挙で選ばれることになりました。その一連の流れを図示しておきます（次頁）ので、ご覧ください。

次に、その後の日本の政治を大きく変えた二つの重要な選挙制度改革について、焦点をあてて説明したいと思います。一つは一九二五年の護憲三派内閣の時の改革であり、もう一つは一九九四年の細川連立内閣の時の改革です。

前者は、男子普通選挙権が導入されたことで有名ですが、実は今日まで続く様々な重要な改革を

日本の選挙制度の変遷

	参議院選挙制度	衆議院選挙制度
明治 22 年：1889 年	小選挙区制	
明治 33 年：1900 年	大選挙区制	
大正 8　年：1919 年	小選挙区制	
大正 14 年：1925 年	中選挙区制	
昭和 20 年：1945 年	大選挙区制限連記制	
昭和 22 年：1947 年	中選挙区制	地方区と全国区の並立制
昭和 57 年：1982 年		全国区が拘束名簿式比例代表制
平成 6　年：1994 年	小選挙区比例代表並立制	
平成 12 年：2000 年		全国区が非拘束名簿式比例代表制
令和元年：2019 年		非拘束名簿式比例代表制に特定枠追加

＊定数是正による改正は省略

実施しており、後者は、その後小泉内閣の郵政選挙現象や安倍内閣の一強体制を生む要因となった小選挙区比例代表並立制などを導入した改革についてです。

第2節　護憲三派内閣の成立まで

A　明治憲法下の統治体制

明治憲法では、首相選任の明確な規定はなく、首相始め大臣の任免は天皇の大権行為でした。また、憲法上「内閣」の呼称はなく、首相と各省大臣の区別もなく、個別に天皇を補佐することになっていて、連帯責任もなかったことから、内閣不一致で内閣が倒れることも少なくなかったのです。

前任がいなくなった場合の後継の首相を選任する場合には、天皇は元老の推薦を得たものを任命するのが慣例になっていました。元老は憲法にも法律にも規定がない特別の地位で、主に明治維新に勲功のあった薩長藩閥の代表者たちで、天皇側近の顧問として重要政策の決定や後継首相の選任にあたった、いわばキングメーカーでした。次の九人が元老です。

黒田清隆（薩摩）、伊藤博文（長州）、山縣有朋（長州）、松方正義（薩摩）、井上馨（長州）、西郷従道（薩摩）、大山巌（薩摩）、西園寺公望（公家）、桂太郎（長州）。

明治憲法下の統治体制

- 天皇
  - 憲法内機関
    - 全面的規定
      - 帝国議会
      - 裁判所
    - 部分的規定
      - 内閣
      - 枢密院
  - 憲法外機関
    - 元老
    - 軍事参議院
    - 陸軍参謀本部
    - 海軍司令部
    - 内大臣
    - 宮内大臣

帝国議会は、皇族、華族や勅撰議員からなる貴族院と民選の衆議院との二院制をとっており、衆議院に予算の先議権があるほかは、両院は対等とされていたのです。別個に憲法上の機関として設けられた枢密院は、当初は憲法草案と皇室典範を諮詢するための機関でしたが、天皇の最高諮問機関として次第に諮問事項が拡大され、あたかも衆議院・貴族院に並ぶ第三院のように振る舞い、しばしば内閣の政策を阻止・制約する機関として機能するようになったのです。枢密院は、議長・副議長・枢密顧問官（一二〜二四人）から構成されていましたが、明治期には薩長の藩閥出身者が多くを占め、大正期からは主に山縣有朋系の官僚の牙城となっていったのです。

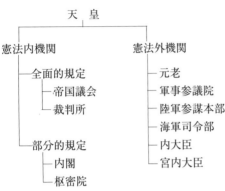

B　政党の誕生

わが国の政党の始まりは、一八七四年（明治七年）の民撰議院設立建白書を出す際に結成された、板垣退助らによる「愛国公党」と言われています。一八九〇年（明治二三年）に国会開設が決まり、それに向けて旧愛国社系を中心に「立憲自由党」（総理・板垣退助）が結成され、それに対抗して、明治一四年政変で下野した大隈重信らを中心に「立憲改進党」（総理・大隈重信）が設立され、民権派を二分することになったのです。第一回衆議院選挙では、定数三〇〇人のうち立憲自由党が一三〇人を占めて、他を大きく引き離し第一党となりました。

しかし、藩閥政治の下では議会第一党になったとしても、先ほど述べたように元老たちの天皇への推挙がなければ、組閣することはできなかったのです。

C　藩閥政治から政党政治へ

初期議会の設立以来、衆議院だけは藩閥の勢力が及び切らない唯一の政治舞台であり、政府と民党（明治中期の反政府政党の総称）とがしばしば激突したのです。

明治時代において内閣は、議会、政党の意思に制約されずに行動すべきであるという超然主義の考え方が主張されていて、明治維新の薩長土肥、とりわけ薩長の出身者が内閣や政府の多数を占めた藩閥による超然内閣が続いたのです。

戦前の主要政党の系統図

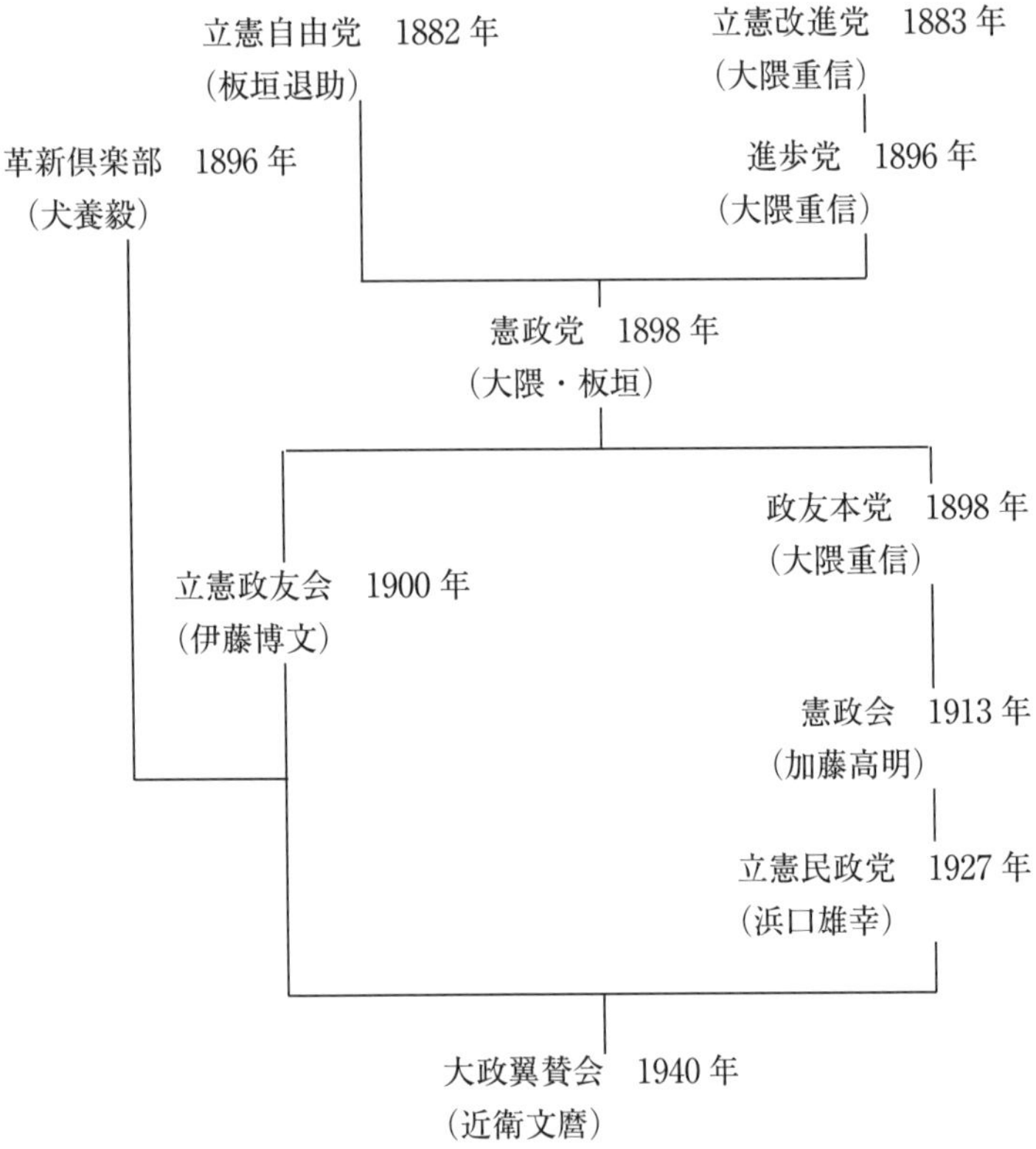

藩閥政府は、内閣総理大臣、国務大臣、元老などの要職のほとんどを占めていました。その影響力は、政治だけでなく陸海軍や警察、司法にも及んでいました。藩閥政治は、議会政治に対する抵抗勢力で自由民権運動では批判の対象でもあり、大正デモクラシーでは「打倒藩族、擁護憲政」が合言葉とされました。

それまで政党を無視してきた超然内閣において、衆議院で主に予算案がたびたび否決される事態が生じ、政府はその限界を悟るとともに政党政治の必要性を感じた元老の一人である伊藤博文自らが総裁となる国家的政党として、一九〇〇年（明治三三年）「立憲政友党」を結成するのです。

多くの藩閥政治家が反対する中、メンバーは伊藤系の官僚、民党の憲政党や吏党（政府系政党）の帝国党の議員などから構成されましたが、元老・藩閥や官僚勢力と真っ向から対立するのではなく、妥協や癒着をしながら党勢を拡大し、政権に接近するという体質が生まれたのです。そしてその後、藩閥に代わる内閣の受け皿としての役割を担うことになっていくのです。

第３節　護憲三派内閣の成立と選挙制度改革

Ａ　憲政の常道

もともと「憲政の常道」とは、一九一二年〜一九一三年の第一次憲政擁護運動以来、大正デモクラシーの政治スローガンとして用いられたものです。その意味するところは、藩閥や特権勢力による政権専有を排して、政権交代は民意を反映する政党内閣によってなされるべきであり、内閣が総辞職した場合、衆議院の第二党である野党に政権を移すのが立憲政治の常道であるといった主張にありました。

この政党内閣制の要求と表裏一体であったのが、衆議院が国政の中心となるべきだとする議会中心主義の主張であったわけですが、さらに民意を政治に反映する制度改革として、参政権拡大や普通選挙の実施が求められたのです。

戦前の政治的対立の構図は、おおざっぱに言えば次のようなものであったのです（上図）。

戦前の政治的対決構図の推移

藩閥・吏党 VS 民党
⇩
立憲政友会 VS 非政友会系政党
⇩
立憲政友会 VS 民政党
⇩
軍人内閣
⇩
大政翼賛会

B　護憲三派内閣成立の経緯

貴族院をバックとした清浦圭吾内閣に対し、憲政会（加藤高明総裁）、政友会（高橋是清総裁）、革新倶楽部（犬養毅総裁）が護憲三派を形成し、第二次護憲運動が始まりました。その前に政友会は、高橋是清内閣崩壊後に非政党内閣が続き、これらの内閣に協力するか否かを巡って政友本党と政友会に分裂し、清浦内閣を支えた政友本党に対し、少数となった政友会がこの護憲三派の一員として加わったのです。

この運動は、政党内閣の結成、普通選挙の実施を公約に掲げて行われ、護憲三派は衆議院選挙で勝利を収め、憲政会の加藤高明が内閣を組閣することになりました。

C　護憲三派の選挙制度改革の内容――一九二五年（大正一四年）

①　普通選挙権の導入

それまでの納税額による制限選挙から、納税要件が撤廃され、日本国籍を有しかつ居住する満二五歳以上のすべての成年男子に選挙権が与えられることになったのです。

民法の成人年齢の二〇歳にすべきという議論もありましたが、普選の範囲内でできるだけ選挙権を制限したいという政府の意向に沿った結論に落ち着いたのです。また、女性には依然として選挙権が認められず、戦後まで待たねばなりませんでした。この改正で、有権者数と人口比率は次のように変化しました（上表）。

被選挙権については政府原案では、選挙権と同様に二五歳としましたが、枢密院の反対で三〇歳以上と修正されたのです。

	有権者数
1924年	約 330万人　約 6％
1928年	約 1240万人　約 21％

② 居住期間

選挙権の要件とされた居住期間については、一定の市町村内に一年以上居住している者が選挙人名簿に登録されることになりました。

③ 中選挙区単記制の採用

一連の選挙制度改革のなかで、その後の政治に大きな影響を及ぼしたものに、三人〜五人を定員とする中選挙区単記制の採用があります。立法過程では小選挙区制の下で絶対多数の実績を持つ政友会は当然にも小選挙区制を、革新倶楽部は府県単位の大選挙区比例代表制を熱心に主張しましたが、多くは比例代表制についての理解が十分ではなく将来の課題とされ、妥協の産物として中選挙区制が採用されたのです。

この制度であれば、主要三党から一人ずつ候補者を立てることができ、単記投票制であれば少数派も当選する可能性もあり、比例的要素が加わっていることもあって、三党の合意を得やすかったのでしょう。

しかしこの中選挙区制の下では、大政党は候補者を複数立候補させるため、政党本位よりも候補者個人本位の選挙運動が行われる傾向を強める結果となりました。

国勢調査の結果を基に人口一二万人につき一人の割合で各府県に議員数を割当て、さらに同じ比率で郡市を単位として三～五人の選挙区がつくられました。中選挙区は日本独特の制度で、広い意味で制度的には大選挙区制の範疇に入りますが、外国においては大選挙区制を採用する場合は投票方法として完全連記制または制限連記制が一般的にとられる例が多いのですが、日本では候補者一人を記入する単記制が採用されました。
④　立候補届出制と保証金（供託金）制度の導入
それまでは議員候補者に関する規定はまったくなく、何人もいつでも勝手に議員候補者になることができました。今回の普選法で、候補者は届出を必要とし、その際に補償金二〇〇〇円を供託しなければ届出の効力は生じないことになりました。そして、この補償金は法定得票数に達しない場合は没収されという、今日の供託金制度の原型がつくられたのです。

この届出制と保証金制度は、主に無産政党からの立候補を抑制する意図で設けられたもので、既成政党や現職議員に有利なものとなりました。

⑤　選挙運動の規制

それまでは、選挙運動の取り締まりの主な対象は買収であり、運動方法について制限の規制はありませんでした。しかし、普選法は選挙運動に厳しい制限を課し、候補者・運動員・選挙費用について詳細な規定を設けたのです。

直接選挙運動に従事できるのは、選挙事務長と五〇人以内の選挙委員と選挙事務員に限られ、選挙事務所も七カ所以内に制限されました。そしてこの運動員が戸別訪問や電話によって選挙運動をすることがあらたに禁止され、運動員が頒布する文書類についても内務省令で細かく規制され、運動員以外の一般選挙民の行える選挙運動（第三者運動）は、演説と推薦状の発送に限られました。

普選法では選挙運動取締の詳細な罰則が規定されましたが、実施細目の多くは勅令・省令・行政命令に委任され、知事が選挙執行の最高統率者としての権限をもち、選挙取締の采配を振るう官権主義的な性格を帯びたものになったのです。

これにより選挙運動の規制は、①選挙事務長等選挙活動従事者、②選挙事務所、休憩所、③戸別訪問の禁止、④第三者選挙運動の制限、⑤文書図画の制限、⑥選挙運動の費用など幅広く行われるようになりました。

また、立候補届出制をとった結果、選挙運動ができる始期が決まり、事前運動の概念が生まれましたが、これらは内務・司法両省の行政解釈で事前運動の禁止・取締が行われたもので、禁止の明文は当初はありませんでした。

この選挙運動規制は、その後、省令で細かい規定が設けられましたが、規定の方法として、まず包括的に禁止し、その禁止から解除されたものを法文に規定する方式がこれにより始められたのです。この選挙運動の包括的禁止・限定的解除方式は、以後、選挙法における言論・文書を始めとする各種運動規制として、世界に類例を見ないほど日本特有な厳格な方式となったのです。

結局、普選法はたしかに有権者を大幅に増大させましたが、選挙運動の自由は、制限選挙の時期にくらべて厳しく規制されることになってしまいました。

⑥　選挙運動の費用制限

これまで述べたような選挙運動の人的要素、物的要素の制限に加えて。英国の立法例に習い直接に選挙運動費用の最高額の制限を設けました。選挙運動費用の増大化は選挙資金調達の不正の温床となるとして、選挙運動の適正化を図るという名目で設けられたものですが、新人候補者には不利に働き、既成政党や現職議員の保身策という意図もあったのです。

⑦　選挙公営制度

これも英国の立法例に習ったものですが、無料郵便や学校などの公共施設の利用が認められるようになりました。しかし、選挙公営の範囲が広がる一方、それを口実に候補者の自由な選挙運動が制限される度合いが高まり、官憲による選挙管理が強化された側面も見過ごせません。

⑧　不在者投票制の導入

対象は船舶や鉄道に乗務している者、演習招集や教育招集中の軍人に限られていました。

⑨　治安維持法の成立

このように普選法はたしかに有権者を大幅に増大させましたが、選挙運動の自由は制限選挙の時期にくらべて厳しく規制されることになったのです。そして実際の選挙では、選挙法による罰則だけでなく、あらたに制定された治安維持法や治安警察法・出版法・新聞紙法・行政執行法など伝統的な治安法規により、一層厳しく選挙運動が規制されるようになったのです。

第４節　中選挙区制が採用された要因

A　それまでの衆議院選挙制度の変遷

中選挙区制に至るまでの衆議院選挙制度を、以下の表でその概要を見てみましょう（次頁）。

B　中選挙区制が実現した要因

原敬内閣の「小選挙区制」の中にも多くの二、三人区が設定されていることから、中選挙区への移行にたいしてそれほどの違和感はなかったと思われます。さらに、小選挙区制による政友会の多数支配を警戒する貴族院や、選挙区地盤の変化を恐れる一部与党議員や無所属議員、中立系議員の意向を無視できませんでした。中選挙区制の伏線はこの時すでに敷かれていたのです。

衆議院選挙制度の変遷

	選挙区制度	定数	選挙・投票方法	選挙人の資格	最低年齢	有権者／人口
衆議院議員選挙法（1889）	小選挙区制 1人区 214 2人区 43	300	記名捺印 2人区は連記、非立候補制	直接国税 15円 男子	選挙人 25歳 被選挙人 30歳	1.1%
同1900年改正	大選挙区制 1府県1選挙区、都市に53独立選挙区	376	単記無記名 非立候補制	直接国税 10円 男子	同上	2.2%
同1919年改正	小選挙区制 1人区 295 2人区 68 3人区 11	464	同上	直接国税 3円男子	同上	5.5%
同1925年改正	中選挙区制 3人区 53 4人区 39 5人区 31	466	単記無記名 立候補制 戸別訪問禁止、運動費制限	男子普選 （公私の救助，扶助を受ける者は除く）	同上	20.1%

第二党として力をつけてきていた憲政会は、小選挙区制に反対する一方で従来の大選挙区制論から脱皮し、中選挙区という新たな選挙区制度を構想しはじめていました。

第二次山本権兵衛内閣の下で開催された臨時法制審議会において、小選挙区制を批判する声が多数派となっていましたが、この背景としては、選挙の腐敗、選挙費用の高騰といった国内事情のほか、ヨーロッパにおける比例代表制の広がりや、英国における多党化状況の出現も影響を与えていたといわれています。

加藤高明内閣成立前に行われていた選挙において、選挙費用が高騰し、選挙運動が激化したことから、それを矯正しようという共通の思いも要因となっています。

また、中選挙区制であれば、与党三派が相打ちを避け、地盤を維持することができるという、妥協の産物として導入されたという側面もあると思います。

C　中選挙区制が長期間続いた理由

中選挙区制はさまざまな意味において折衷的なものであり、そこには日本の政党政治やヨーロッパの選挙制度を巡る過渡的状況を如実に反映しています。長期間存続する理由は、この「折衷性」にあると思われます。

第５節　厳しい選挙運動規制が導入された理由

既成の支配層の中に、普選が導入されることによる有権者の増大と、とりわけ多くの労働者や小農民や小作人が政治に参入することに対する不安が高まりました。

国内に頻繁に起こる労働争議・農民運動や、世界的潮流の一つとなった共産主義・社会主義運動への恐れも背景にあり、普選による無産政党の拡大に対する危惧から、普選導入と同時に、選挙運動規制の強化や治安維持法の制定が必要であると認識されるようになったのです。

そもそも普通選挙の実現を明治末期以来、支配層が常に阻止してきた理由はここにありました。

普通選挙は民衆が選挙権をもって政治舞台に登場する機会となり、それが社会主義的傾向を促すことになることを恐れ、民衆を政治舞台から隔て抑制したいという要求と、一方で、民衆が政治に参画する民主化の潮流の必然性とのジレンマに支配層は悩まされ続けていたのです。

政治的支配層がこれに出した答えは、明治以来の愚民観と民衆への警戒心に裏付けられた教化政策的立場でした。普通選挙の立法過程で、まず枢密院は政府原案を修正し、さらに付帯上奏決議を加え、ついで貴族院もほぼ同じ趣旨の希望決議を付けました（被選挙権を三〇歳以上とする。貧困のため扶助を得ているものや住所不定者には選挙権を付与しない）。

さらに、立候補保証金制度、選挙運動の官憲的取締、選挙費用の制限、選挙権・被選挙権の年齢制限、長期の居住要件の設定などに加えて、治安維持法の同時立法へと支配層と既成政党側とが社会主義的勢力の台頭阻止に同調した対策が一九二五年法の中に見て取れます。

そのため普選法は、行政法的色彩を強くもち、しかも取締主義が際立っており、衆議院の選挙は行政の対象としてとらえられ、官憲主義的な選挙管理と取締り、さらに取締法規の内務省への委任立法などにこれが現れています。選挙の執行管理として内務省が、運動取締は同警保局が担当したのです。

そもそも明治憲法は近代民主制の主な指標である基本的人権を認めたものの、それは法律の制限の範囲内において許容されるにすぎませんでした。そして、思想・信条の自由、言論・表現の自由、集会・結社の自由等の市民的自由に対して、各種法律等で厳しい制約を設けていたのです。

新聞紙法、出版法、治安警察法、行政執行法、警察犯処罰令、違警罪即決令等々の思想・言論・出版・集会・結社に関する取締法律、勅令、省令、行政命令、行政慣行等がこれら市民的自由を厳しく制約していたのです。

結局一九二五年の選挙法は、これまでの欧米流の代表選出のための手続法から選挙の取締法的色彩を濃厚にしたものに性格的に転換され、選挙運動は選挙人へ向けての政治運動と見なされ、治安警察の取り締まりの対象となってしまったのです。

第６節　護憲三派内閣後の二大政党政治

Ａ　改革後の選挙への影響

中選挙区制は、候補者にとって選挙活動を、同一政党に属する他候補者でも選挙区を同じくする限り、敵として競争しなければならない仕組みになっています。選挙法に政党を考慮に入れた法規制は一切見られませんが、これは選挙活動の主体として政党を認めない権力側の姿勢が表れているとも言えます。

こうした候補者の個人競争主義は政党よりも個人の後援会に依存するとともに、議員は世襲化するようになりました。さらに、選挙を同じ政党内の候補者間で争う同士打ち的なものにし、選挙競争の激化、選挙費用の増加、ひいては、選挙の腐敗を招くことにつながったのです。

岡田啓介内閣	1934.7-1936.3	海軍大将
広田弘毅内閣	1936.3-1937.2	外交官
林銑十郎内閣	1937.2-1937.6	陸軍大将
第１次近衛文麿内閣	1937.6-1939.1	貴族院議長
平沼騏一郎内閣	1939.1-1939.8	枢密院議長
阿部信行内閣	1939.8-1940.1	陸軍大臣
米内光政内閣	1940.1-1940.7	海軍大将
第２次・３次近衛文麿内閣	1940.7-1941.10	大政翼賛会総裁
東条英樹内閣	1941.10-1944.7	陸軍大将
小磯国昭内閣	1944.7-1945.4	陸軍大将
鈴木貫太郎内閣	1945.4-1945.8	元侍従長、海軍大将
東久邇宮稔彦内閣	1945.8-1945.10	皇族、陸軍大将

これはまた、議員の党籍変更という政治的無節操や、人事や選挙資金を通じた派閥の形成等々、その後の日本独特の政治システムをつくりあげたのです。

そして、選挙運動規制は、一九二五年選挙法が示した「包括的禁止、限定的解除」の考え方と、「公正・公平」の原理を拡大利用して様々な脱法行為を防止するためと称して次々と規制の強化が図られ、今日の「べからず法」といわれる公職選挙法が生まれたのです。これらは、戦後民主主義の新憲法の下でも改められるどころか、逆により厳しくなりました。

B　改革後の政治的影響

一九二四年（大正一三年）六月の護憲三派内閣（第一次加藤高明内閣）の成立から三二年（昭和七年）五月の犬養毅内閣の崩壊まで、七代の政党内閣が政権を引き続いて担当しました。戦前史においてこの八年間は、「政党政治の時代」として一時代を画しています。

戦前の歴代内閣と出身母体

内閣名	在任期間	出身母体
第１次伊藤博文内閣	1885.12-1888.4	長州閥
黒田清隆内閣	1888.4-1889.12	薩摩閥
第１次山縣有朋内閣	1889.12-1891.5	長州閥
第１次松方正義内閣	1891.5-1892.8	薩摩閥
第２次伊藤博文内閣	1892.8-1896.9	長州閥
第２次松方正義内閣	1896.9-1898.1	薩摩閥
第３次伊藤博文内閣	1898.1-1898.6	長州閥
第１次大隈重信内閣	1898.6-1898.11	憲政党
第２次山縣有朋内閣	1898.11-1900.10	長州閥
第４次伊藤博文内閣	1900.10-1991.1	立憲政友党
第１次桂太郎内閣	1991.1-1906.1	長州閥
第１次西園寺公望内閣	1906.1-1908.7	立憲政友会
第２次桂太郎内閣	1908.7-1911.8	長州閥
第２次西園寺公望内閣	1911.8-1912.12	立憲政友会
第３次桂太郎内閣	1912.12-1913.2	長州閥
第１次山本権兵衛内閣	1913.2-1914.4	薩摩閥・陸軍大将
第２次大隈重信内閣	1914.4-1916.10	立憲同志会
寺内正毅内閣	1916.10-1918.9	長州閥・陸軍大将
原敬内閣	1918.9-1921.11	立憲政友党
高橋是清内閣	1921.11-1922.6	立憲政友会
加藤友三郎内閣	1922.6-1923.9	海軍大将
第２次山本権兵衛内閣	1923.9-1924.1	海軍大将
清浦圭吾内閣	1924.1-1924.6	貴族院議員、枢密院議長
加藤高明内閣	1924.6-1926.1	憲政会
第１次若槻礼次郎内閣	1926.1-1927.4	憲政会
田中義一内閣	1927.4-1929.7	立憲政友党
浜口雄幸内閣	1929.7-1937.4	立憲民政党
第２次若槻礼次郎内閣	1937.4-1931.12	立憲民政党
犬養毅内閣	1931.12-1932.5	立憲政友会
斎藤実内閣	1932.5-1934.7	海軍大将

七代の内閣は、連立内閣であった第一次加藤内閣を除けば、いずれも憲政会か民政党、または政友会による単独内閣です。とくに一九二七年（昭和二年）に憲政会と政友本党が合同して民政党が結成されると、政友会と民政党の二大政党が議会政治を圧倒し、交互に内閣を組織するようになったのです。まさにこの時期、政党内閣・政党政治を正当づける「憲政の常道」の政治体制が定着化したかに思われた時期です。

しかし、七代の政党内閣のうちで、在任期間が一番長いのは田中内閣で二年二カ月あまり、短いものは六カ月ほどの第二次加藤内閣と五カ月ほどの犬養内閣で、比較的短命な内閣が続いたのでした。内閣倒壊の原因をみると、第一が閣内不統一の場合（第一次加藤内閣、第二次若槻内閣）、第二が首相病死またはテロで倒された場合（第二次加藤内閣、浜口内閣、犬養内閣）、第三は議会外の特権的政治勢力の介入によって瓦解した場合（第一次若槻内閣、田中内閣）となっています。

政党内閣の時代といっても、総選挙で与党が敗北したり、衆議院で野党の内閣不信任案が成立したことを原因に、内閣が総辞職したり、政権交代が行われた例は一度もないのです。それだけ政党内閣が脆弱な基盤の上にあった原因は、内閣制度、さらにより根本的には明治憲法体制そのものにあったと思います。

そのほか、二大政党時代が短命だった原因はさまざまな理由が考えられますが、一九三一年（昭和六年）に勃発した満州事変や一九三七年（昭和一二年）に始まった日中戦争など日本の軍国主義がアジアに進出し、国内においても経済不況や青年将校や右翼による政治テロも頻発するようにな

戦前の主な無産政党の系統図

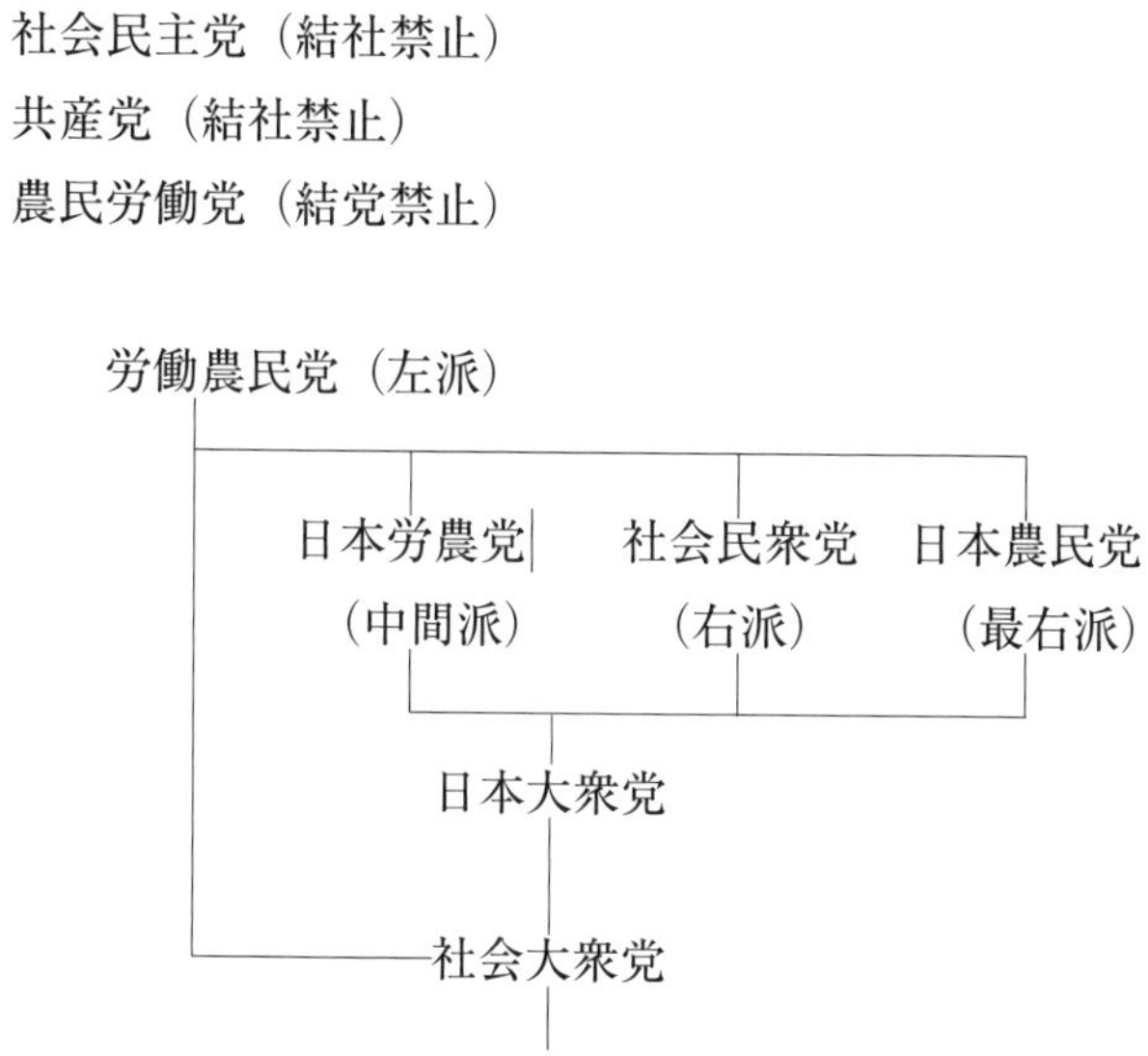

ったことから、政治や政党が自らの力でこれらの問題の解決する能力を失ってきたことが大きな要因になったと思われます。

さらに、二大政党制は政党間の争いを一層激化させ、相手を打倒するためには手段を選ばずとばかり、軍部や貴族院・枢密院などの従来政党政治の障害物と見なされた勢力とつながり、これらを利用するようになったことが、自ら墓穴を掘る結果となり、政党政治を終焉させることにつながったと考えられます。

C　無産政党の動向

普選になり多くの労働者や小作人たちも選挙権を持つようになったにもかかわらず、無産政党は発展しないまま政治の世界に埋没してしまいました。その理由も様々あると思われますが、世の中から比判は受けながらも既成政党は根強い選挙地盤を長年築いていたことが大きいのではないでしょうか。

また、新たにできた選挙運動規制や保証金制度が十分な選挙運動を行う障害となったことや、選挙運動に当たって警察や内務省地方機関による厳しい取締による選挙干渉がなされたことも要因だと思われます。

自由な選挙運動を妨げた規制は、選挙法規のみならず、各種の治安法規により無産政党の結成が阻止され、活動が制約・妨害されました。

一方で、無産政党の中では、イデオロギィーや活動方針などの違いで分裂し、統一した力を十分に発揮できませんでした。無産政党の内輪争いに嫌気がさし、社会政策を訴える民政党に投票する者が少なくなかったといわれ、その結果、労働組合員や農民組合員の総数より、無産政党全体の得票数ははるかに低かったといわれます。

第6章　わが国の政治を変えた二大選挙制度改革（Ⅱ）

——細川連立内閣の制度改革

選挙制度改革史上、もう一つの大きな改革は一九九四年（平成六年）の政治改革四法の成立によるものです。政治改革四法とは、公職選挙法改正、政治資金法改正、政党助成金法制定、衆議院議員選挙区画定審議会法制定の四つの法律のことを言います。

ここでは、衆議院選挙で長年慣れ親しんだ中選挙区が廃止され、小選挙区比例代表並立制が導入された経緯を中心に説明したいと思います。

第1節　政治とお金にからむスキャンダルの多発

政治とお金にかかわるスキャンダルが相次いで起こり、高まる政治不信に対処するために政治資金の規制強化に乗り出しましたが、その状況を生み出した選挙制度そのものを改革しなければ解決しないという風潮が、メディアを含め急速に高まりました。そのためには、候補者中心から政党中心への選挙システムに改める必要性が強調されるようになったのです。

最初のスキャンダルの発端は、一九八八年（昭和六三年）六月川崎市の助役が、リクルートの未公開株譲渡で約一億円の利益を上げていたことが発覚したことに端を発したリクルート事件です。当時の竹下登首相のみならず、中曽根康弘元首相、安倍晋太郎幹事長、宮沢喜一蔵相、渡辺美智雄政調会長、藤波孝生元官房長官などが名を連ねる大スキャンダルに発展しました。

さらに追い打ちをかけたのが一九九〇年（平成二年）の東京佐川急便事件で、暴力団との癒着や闇献金が明るみに出て、自民党の最大派閥竹下派の金丸信会長が五億円の闇献金を授受したことで略式起訴、最後は議員辞職に追い込まれました。自民党としても何らかのけじめを示さないことには不信・不満は収まりそうにない状況に陥っていったのです。

こうした圧力の高まりの中で、自民党は政治改革の具体的な制度改革の検討に入りましたが、政治と金の問題を解決するには、政治資金の透明化という単なる政治倫理の問題だけでなく、選挙制度まで含めた改革が必要であるという方向に議論が向かっていったのです。

その中で、自民党内部では衆議院の中選挙区制を腐敗の元凶とする主張が台頭してきました。中選挙区制は同一政党内の議員同士が最大のライバルとなる制度であるため、議員は地元への利益誘導で地元利益団体とつながることで当選を図ろうとすることで、政治資金の不透明な流れが生じるという認識があったからです。

また、同じ自民党から複数立候補するため、選挙は政党組織よりも、候補者が所属する派閥単位で支援されることから、派閥の領袖ほど政治資金を必要とし、業界団体との関係を強めていました。

このような状況を変えるためには、選挙を政党中心のシステムに改め、政策論争を活性化させ、同時にカネの流れを政党中心にすることでより透明化を高める必要があるという考え方ができ上ってきたのです。さらに、政権交代が容易になるため、野党にとっても利益にかなった制度であるとの主張もなされました。

そこで、与野党が受け入れやすいように、小選挙区を軸とし比例代表も加味する選挙制度改革、政治資金規制改革、それによる企業・団体からの政治献金縮減の代償としての政党助成金制度の新設をセットとして導入する方策が、自民党から提案されるようになってきました。

一方、当時の野党の社会党、公明党、民社党は、小選挙区制や並立制が自民党の一人勝ちをもたらすための党利党略であるとして、獲得票数と議席数の比例性が高い小選挙区比例併用制を対案として提案し、共産党は中選挙区制のままで一票の格差を解消する抜本的な定数是正を主張しました。

第２節　政治改革の経過

スキャンダルや政治改革の失敗などで自民党内閣が短期間のうちに次々と交代しました（竹下⇩宇野⇩海部⇩宮沢）。一方、新党ブームが起こり、結局非自民連立の細川内閣が成立して、この内閣の下で小選挙区比例代表制が導入されたのです。まず、一九八九年（平成元年）五月、竹下政権の時に自民党政治改革委員会が「政治改革大綱」を答申しましたが、この中で、小選挙区制の導入を基本とし、比例代表制も加味することを検討すると謳っています。

同年六月に第八次選挙制度審議会が発足、翌年四月に答申を提出しましたが、その内容は、衆議院選挙に小選挙区比例代表並立制を導入、定数五〇一人とし、小選挙区と比例代表の定数比は六対四とする二票投票制というものでした。

これを基に、一九九一年に海部内閣が政治改革関連三法案を提出しましたが、自民党内部での反発が強く廃案となり、海部首相は退陣に追い込まれました。

次の宮沢内閣のときに、一九九三年四月に単純小選挙区制導入を柱とする政治改革四法案を自民党による議員提案提出しましたが、与野党双方から反対が強く、否決されました。さらに、野党から内閣不信任案が提出され、自民党の羽田・小沢派が同調したため可決され、宮沢首相は衆議院解散を選択したのです。

総選挙の結果により自民党は過半数を割り、一九九三年八月に日本新党の細川護熙を首班とする連立内閣が誕生しました。細川連立内閣は、自民党と共産党を除く七つの政党と一つの会派が集まって成立した、前例のない政党集合体政権でした。

政権誕生の過程で大きな役割を果たしたのが、新生党、日本新党、新党さきがけの三つの新党でした。日本新党と新党さきがけは連立の交渉に当たり、小選挙区比例代表制などの政治改革の実現を条件に掲げ、社会、新生、公明、民社、民主改革連合、社会民主連合の六党派がこの構想に参画することになったのです。細川内閣がまず取り掛かったのが、頓挫した政治改革の再開でした。

内閣名	在任期間	主な出来事
竹下登内閣	1987.11–1989.6	リクルート事件 自民党「政治改革大綱」決定
宇野宗佑内閣	1989.6–1989.8	「第８次選挙制度審議会」発足
第１次・第２次 海部俊樹内閣	1989.8–1991.11	同審議会「選挙制度及び政治資金制度の改革」等答申 政治改革３法案提出（廃案）、社会党対案提出（廃案）
宮沢喜一内閣	1991.11–1993.8	与野党で「政治改革協議会」設置 佐川急便事件（金丸信自民党副総裁議員の辞職）、公選法の定数是正案と国会議員の資産公開法案が成立 自民党が抜本改革４法案提出（廃案）社会党・公明党が「小選挙区比例代表併用制」などの対案を提出（廃案） 民間臨調が「小選挙区比例代表連用制」を提言 内閣不信任案可決・解散
細川護熙内閣	1993.8–1994.4	政治改革４法案成立 佐川急便からの借入金問題で辞任
羽田孜内閣	1994.4–1994.6	社会党が連立から離脱し少数与党となり、在任64日の短命内閣

与野党とも並立制は一致したものの、小選挙区と比例代表の配分問題で交渉は難航し、自民党案に近い小選挙区三〇〇、比例代表二〇〇（全国一一ブロック）で決着したのです。

一九九三年（平成五年）九月に衆議院選挙に小選挙区比例代表並立制導入、政治家個人あての企業献金廃止、政党への公的助成を柱とする政治改革関連四法案が衆参両院で可決しました。このときに、小選挙区で落選した候補者が比例代表で復活できる重複立候補制も、あわせて導入されました。当時の内閣が行った政治改革の取組については前頁の表をご覧ください。

〈注〉

・政治改革大綱（竹下内閣）⇩政治倫理の確立、政治資金の改革、選挙制度の抜本的改革、国会の活性化、党改革、地方分権の確立等

・第八次選挙制度審議会（宇野内閣）⇩会長は小林与三次読売新聞社長はじめマスコミ関係者多数が委員に選任。

・政治改革三法案（海部内閣）⇩公選法改正（小選挙区比例代表並立制）、政治資金規正法改正（政治資金パーティーの規制等）、政党助成金創設

・社会党対案（海部内閣）⇩中選挙区制維持、定数格差を二倍以内

・自民党の抜本改革四法案（宮沢内閣）⇩公選法改正案（単純小選挙区制）、選挙区区画委員会設置法案、政治資金規正法改正案（企業・団体献金は原則政治団体以外へは禁止）、政党助成金法案

・細川連立内閣⇩日本新党、社会党、新生党、公明党、民社党、新党さきがけ、社会民主連合、民主改革連合の八会派（非自民・非共産連立政権）

第3節　政治改革四法の内容——一九九四年（平成六年）

成立した政治改革四法の内容は次のようなものです。

A　衆議院選挙は小選挙区比例代表並立制導入（公職選挙法改正）

定数五〇〇人とし、三〇〇の小選挙区と定数二〇〇で全国一一ブロックの比例代表の二本立で投票二票制により行う。重複立候補を認める。

B　政治資金規正法の改正

① 企業・団体の寄附の制限

☆ 政治家個人への献金が腐敗を招くことから、献金対象を政党、政治資金団体にのみ認めるが、五年後に見直し。

☆ 資金管理団体への寄附は、個人からは年間一五〇万円、企業・組合等の団体からは五年間に限り年間五〇万円以内で認める。

② 資金管理団体を創設し、政治家個人につき一つの管理する団体を設置

③ 政党要件は、政党助成金の対象基準と同様

④ 政治資金規正法違反に対する罰則強化・公民権停止

⑤ 公開基準は、政党・資金管理団体とも五万円以上の献金。政治資金パーティーは、二〇万円以上の購入者。

C　政党助成金制度の創設

①　政党助成金の受給対象となる政党（以下のａ又はｂのいずれか）

ａ　所属国会議員が五人以上であること

ｂ　所属国会議員が一人以上、かつ、前回の衆議院選挙又は前回又はぜん前々回の参議院選挙で得票率が二％以上のもの（選挙区選挙又は比例代表選挙）

②　交付金の総額

国勢調査の人口×二五〇円（約三二〇億円）

③　各政党への配分基準

議員数割（二分の一）と得票数割（二分の一）を加えた合計額

④　交付金の使途

助成金制度の目的の範囲内であれば、特段使途の制約はない。

⑤　報告書の作成・提出

毎年、使途等報告書を監査報告者等を添付して総務省に提出する。

D　衆議院議員選挙区画定審議会設置法の設立

新たな小選挙区の区割り作業を行うための審議会を設置する。

第4節　改革後の政治の変容

A　自民党の悲願の達成

自民党にとって小選挙区制の実現は長年の悲願でした。戦後に鳩山一郎内閣と田中角栄内閣の時、二度の小選挙区制度を導入する動きがありましたが、いずれも反対が強く途中で頓挫していました。

一九五五年（昭和三〇年）一一月に自民党ができた段階で、鳩山一郎内閣の時に一度目の試みがありました。一九五六年には法案がある程度固まって、マスメディアも英国型の二大政党制を導入するために小選挙区制が必要だと喧伝し、世論も支持するようなことがありました。

ところが自民党の中で、法案を検討している中で、様々な形で議員が個人の思惑で選挙区域をいじり始め、いわゆる「ゲリマンダー」といわれる選挙区を自分の有利に線引きする動きが生じ、一転して野党は反対に転じました。世論も「ゲリマンダー」に怒り、野党に同調するようになり、自民党は問題ある区割り案を削除したものの、結局修正案は参議院で廃案になってしまいました。

二度目の動きは、一九七二年（昭和四七年）に成立した田中内閣の時で、選挙制度審議会が小選挙区比例代表制を提案したもので、後に細川内閣の時に実現した、いわばその原型ともいえる制度がこの時に生まれたのです。

七三年に原案までできましたが、野党の反対ばかりでなく、国民のなかにも「これは独裁政権を創るための改革だ」という反対論が起こり、自民党の中からも慎重論が高まり、ついに撤回されたのです。皮肉にも今回の非自民党内閣の下で、悲願の小選挙区中心の選挙制度が導入されたのです。

B　自民党一党優位体制の再定着

戦後の政治体制を示す五五年体制が完全に崩壊し、それに代わる新たな二大政党制の到来が期待されましたが、一時可能性があったものの、結局、自民党に対峙する政党を創ることに失敗して自民党一党優位を再び定着させることになってしまいました。

野党が分裂を重ねる間に、地方に安定的な地盤を有する自民党は、公明党の支持も受けて、相対的多数で当選できる小選挙区制を有利に使い、政権を継続的に維持することに成功したのです。

C　自民党の執行部への権力集中と派閥の弱体化

これまでは、自民党は何人かの指導的な政治家を中心とする「派閥」が強固に形成されていましたが、それは中選挙区における競合する自民党の候補者が、それぞれの派閥の領袖から支援を受け、見返りに総裁選挙で応援する構図が存在していたからです。

中選挙区制の下では、自民党は複数の候補者の共倒れを防ぐため、公認数と選挙区での「票割り」が悩みの種でしたが、今回の改革でその問題から解放されました。さらにそのことは、誰を候補者とするかの公認権を武器に、党執行部の方針に逆らえない状況を生むことになったのです。

この現象は、年間約三二〇億円の政党助成金制度の創設と相まって、党執行部の影響力を強大なものとする一方、「派閥」は弱体化し、党執行部と「派閥」の力関係は大きく変化することになりました。

党内の資金の流れの変化も、選挙制度改革と同時に行われた政治資金規正法の改正や政党助成金の導入により、政治資金の集配が政党を経由するものへと変わり、派閥の資金源を削ぐとともに、政治資金の分配を取り仕切る党執行部の影響力が増大していったのです。

D　選挙運動形態の変化

とりわけ従来の自民党の候補者にとっては、自らの地盤を維持・強化するために地域的な住み分けの「後援会」と、政策的な住み分けの「族議員」が必要不可欠であり、ある程度の主張する政策の自由度も存在しました。しかし、一つの政党から一人の候補者だけが公認される小選挙区制の下では、選挙戦略も変わらざるを得なくなり、候補者にとって重要なことは党の公認を得て、党の候補者として党の政策を訴えることが主眼となりました。

そこで、選挙運動も候補者個人の選挙キャンペーンという側面から、政党の政策や党首のイメージが重要なものとなったのです。

この現象が大きく現れたものとして小泉純一郎内閣のときの「郵政選挙」（二〇〇五年）が挙げられます。郵政民営化法案が自民党の造反議員の反対もあって否決され後、小泉首相はすぐさま国会解散を行い、自民党の造反議員には党の公認を与えず、代わりにその選挙区に「刺客」を送り込み、抵抗勢力と喧伝した結果、多くの造反議員が議席を失ったのです。

このことは、公認の重要性のみならず、総裁がその気になれば議員の政治生命を左右することを明らかにし、さらに従来の慣行であった派閥の推薦を無視して、内閣や党役員の人事を行い、派閥の影響力を大きく減退させたのです

選挙戦略のなかで大きな変化は、政党の政策が重要となり、党の政策を掲げた「マニフェスト」を掲載したパンフレットが作成・配布されるようになったことです。党首の写真が大きくポスターなどに掲げられ党首のイメージやパフォーマンスが重要視されるようになってきました。この動きを加速させるものとして、政党がメディアやＳＮＳの影響力を認識して、広報宣伝に一層活用することになったことも輪をかけるようになりました。

F　野党勢力の頻繁な離合集散と凋落化現象

小選挙区中心の選挙制度の下で、自民党に対抗する政党として一時民主党が存在しましたが、理念や政策の異なるグループの寄合所帯という性格から抜け切れずに離合集散を重ね、自民党一党優位を崩すことができませんでした。

また、かつて五五体制の一翼を担った社会党は、一九九六年に社民党と改称したものの勢力の低落現象が続き、現在は政党要件を維持できるかどうかの瀬戸際に追い込まれています。

第7章　比例代表制のすすめ

選挙制度は、長い歴史を重ねて、それぞれの国のお家の事情に合わせる形で発展してきたものです。ここまで、主に小選挙区制のお話をしてきましたが、次に対極にある比例代表制についてお話ししたいと思います。

まず、比例代表制とはどういう制度であるか、どういう経緯で誕生し、どういう形態があるのかなどについて説明していきたいと思います。

その上で、この比例代表制の優れているところと、この制度に批判的なさまざまな意見に対する私なりの回答を示していくつもりです。

第1節　比例代表制の歴史

A　比例代表制とは

比例代表制は、政党への得票率に比例して議席率を決める制度のことをいいます。そのため、政党制の確立があってはじめて成立するものです。ですから、候補者本人に投票する選挙区制よりは、時代的に遅れて生まれたものです。それまでは、選挙区制が当たり前でしたが、時代が進むにつれて現状に合わない不都合なことがたびたび起こるようになって、それを解消する方法として人工的に考案されたものなのです。

今日では、世界の多くの国々が比例代表制を採用しています。列国議会同盟（ＩＰＵ）の調査によると、一八二ヵ国中、単純に比例代表制をとる国は八一ヵ国、選挙区制をとる国は六四ヵ国、日本のように選挙区制と比例代表制を組み合わせた混合方式をとる国は三二ヵ国となっています。混合方式を含めると、世界の国々の三分の二の国において採用されています。

比例代表制の特徴は、得票率と議席率が比例することにありますが、この選挙制度として新参者ともいうべき比例代表制がまたたくまに世界に普及した理由は、主に二つあります。

一つは、国内に過激に対立するグループが存在する国において、その対立を政治の舞台で話し合いにより解決する手段として比例代表制を選択したケースです。ベルギー、オランダ、スイスなどがこれに当てはまります。

もう一つは、選挙権の拡大で産業労働者や小規模農民が大量に投票権を持つようになり、従来の貴族や富裕階層などの既得権者が危機感を抱き、その防衛策として比例代表制を支持するようになったケースがあります。スウェーデン、デンマークなどの北欧諸国がそうです。

比例代表制には、主に単記移譲式比例代表制と政党名簿式比例代表制がありますが、それぞれもう少し詳しく、それ歴史を振り返ってみましょう。

B　単記移譲式比例代表制の歴史

単記移譲式投票制とは、有権者が候補者に順位を付けて投票するものです。この方式は、選挙区が小選挙区の場合と複数の当選者を出す大選挙区（比例区）の場合と両方で利用することができます。比例代表制の一つとして使われる場合は、大選挙区（比例区）において行われるものです。

単記移譲式比例代表制は、英国において一八五七年に発表されたトーマス・ライト・ヘアのパンフレット『代表の手引き』によってその構想が示されました。その当時の英国においては選挙権の拡大が大きな政治課題となっており、それに伴う選挙制度の改革も議論されていました。

ヘアは、選挙権の拡大による大衆の政治参加が、政治の質の低下につながることを危惧して、教養ある有産階級である少数派の代表を引き続き存続させることを目的としてこの方法を考案したと言われています。

ヘアが唱えた選挙制度は、地域に関係なく有権者が候補者に順位を付け、当選基数を獲得した候補者がまず当選しますが、それを超えた得票数は他の候補者に配分されるというものです。それにより、選挙地盤に関係なく優れた人物が議員に選ばれ、死票も少なくなると考えたのです。

このヘアの構想は、当時の著名な自由主義者ジョン・スチュアート・ミルが支持するところとなり、その実施を訴えたことでその考えが広まったのです。

当時は、第三次選挙法改正が高揚した時期であり、選挙権が労働者階級全般にまで拡大しようとしていましたが、ミルは選挙権拡大を支持したものの、一方でヘアと同じく、政治の大衆化に伴う政治の衆愚化と「多数派の専制」への危惧の念を抱いていました。

そこで、教養ある少数派が議会に代表を送ることを保障する方策としてヘアの構想を支持したのです。

このように当時の議論は、得票数と議席数の比例制を重視したのではなく、選挙権の拡大による政治への悪影響や、選挙区間の有権者数と議員定数の極端なアンバランスの是正に主眼があったのです。

結局、ヘアのこの制度は一定の関心を集めましたが、一般的には政界において理解が広がったわけではありません。政治家の常として、当時の制度の下で当選してきた議員の多くは、選挙制度の改正に乗り気でなく、制度の複雑さも加わりそれ以上の進展には至りませんでした。

しかし、この構想に注目したオーストラリアの女性キャサリン・スペンスが同地でこの制度の導入を求める運動を続け、後にオーストラリアのタスマニア州とニューサウスウェールズ州でこの制度が採用される土台をつくり、この制度は生き残ることができました。

単記移譲式比例代表制が国政レベルで初めて採用されたのは、一八五七年にデンマークですが、ここでは本格的に普及しませんでした。次いで、アイルランドで一九一九年より使用され、現在まで続いているほか、マルタ議会選挙、オーストラリアの上院選挙、英国の北アイルランドやスコットランドの地方選挙で採用されています。

最近では、英国において小選挙区制の下での保守党と労働党による二大政党以外の政党が、ある程度の得票数を獲得しながら、議席数に結びつかないことに不満が高まっていました。二〇一〇年に第三政党の自由民主党が過半数割れをした保守党と連立政権を組んだときの条件として、この単記移譲式比例代表制採用の是非について国民投票を行うことを保守党に約束させたのです。この時は、国民投票を提案した与党にもかかわらず、保守党が消極的であったことや制度の複雑さもあり、大差で否決されてしまいました。

C　政党名簿式比例代表制の歴史

政党名簿式比例代表制は、政党が候補者名簿を作成し、獲得議席数は政党の獲得した票に比例して配分されるもので、一九世紀後半にベルギーのヴィクトル・ドントによって考案されましたが、空想的社会主義者のヴィクトール・コンシデランもこの制度を一八九二年の著書で提案しました。スイスのいくつかの州（カントン）で採用された後、ベルギーが国として初めて一九〇〇年の国政選挙で採用しました。

一八九〇年代のベルギーは、二大政党でしたが、カトリック党と自由党の間でわずかな得票差で大きな議席配分の差が生まれていました。当時はベルギーでは、連記式多数代表制による選挙が行われていましたが、一八九四年の総選挙で、得票数では過半数に達しなかったカトリック党が一五二議席中一〇四議席を占め、一八九八年の総選挙でも同様な結果が生まれました。それにもかかわらず、与党は急速に進出してきた社会主義勢力を食い止める必要があると主張してさらに与党有利な改正案を目論んできたことから、野党が激怒し、ベルギーは内乱に近い状態が発生しました。この事態の収拾を図るために、名簿式比例代表制が導入されたのです。

ベルギーより以前の一八九一年の地方レベルで最初に本格的に比例代表制を導入したスイスのティチーノ州でも、ベルギーと同様な構図による紛争がきっかけでこの制度を採用した経緯があります。

このように民族、宗教、言語、地域などによる政治的立場の違いが大きい国々において、その政治的対立を和らげるための手段としてこの制度が活用されたのです。

また、もう一つの流れとして、北欧諸国における採用があります。スウェーデンのように二〇世紀初頭から都市の労働者層が増え、自由主義や社会主義の思想が生まれると普通選挙権を求める運動が高まり、段階的に選挙権の制限が外されていきました。

それまでは小選挙区制で選挙が行われていましたが、新興勢力の急激な伸長を恐れる保守層は、これまでの選挙制度に代わるものとして、比例代表制を主張するようになりました。そして、一九〇九年に下院選挙に比例代表制が導入されましたが、これは従来の小選挙区制では、既存の保守層の議席が守れないという恐れから、政党名簿式比例代表制に移行したという背景があったからです。その後、この制度が定着するとともに、一九七〇年に上院が廃止され、一院制に移行して現在に至っています。

今日では、北欧諸国はすべて政党名簿式比例代表制を導入し、またすべて一院制に移行していますが、民意をできるだけ比例的に反映する多党制を容認し、連立政権が常態化する選挙制度を採用したことが、上院廃止の大きな要因になっているように思われます。

政党名簿式比例代表制が各国で続々と採用されるようになった理由の一つとして、政党に対する認識や評価の変化が挙げられます。

政党はいかがわしい派閥や陰謀集団で好ましくないものだと見なされた時代から、徐々に社会的に認知、容認され、今日のように政治の世界でなくてはならないものであり、憲法上に政党条項を設けたり、政党交付金を与えるなど積極的に支援や活用しようというように、大きく政党に対する評価が変わりました。

また、議院内閣制を導入する国では、政党による責任内閣制が当然となり、政治が政党単位の抗争を基軸に行われるようになってからは、選挙における有権者の投票先の選択が人物重視から政党重視に移行してきたことも、政党名簿式比例代表制を後押ししたものと考えられます。

その後、この制度は、第一次世界大戦の間、さらにそれ以降多くのヨーロッパ大陸諸国で普及し、第二次大戦後は中南米やアフリカを中心に世界中に広がっていったのです。

第2節　比例代表制の形態

いわゆる比例代表制といわれるものにもさまざまな形態があります。ここでは、その主なものについて説明したいと思います。

A　単記移譲式比例代表制

英国において小選挙区制の問題点を是正する目的で考案されましたが、当時の英国では実用化されませんでした。選挙は候補者を選択するものという考え方をベースに、政党化にも対応しようと意図した制度です。移譲式の特徴は、一つは当選基数であり、もう一つは得票の移譲です。

第一の特徴である当選基数（クォータ）とは、一人の候補者が当選するために必要にして十分な最低限度の得票数のことです。第二の特徴である得票の移譲とは、候補者が当選基数を超す必要以上の得票や、当選基数に達せず当選見込みのない候補者の得票数を、当選見込みのある他の候補者に移譲して当選に役立たせることです。アイルランド、マルタなどで行われています。具体的な手順は次のようになります。

①　選挙人は各候補者に一、二、三……と順位を付して投票する。第一順位票の集計で当選基数以上の票を獲得した候補者がいれば当選となる。

②　当選者が定数に満たない場合は、当選者の得票から当選基数を引いた票（剰余票）を第二順位が付された候補者に移譲する。移譲票によって当選基数に達する候補者がいれば当選となる。

③　この作業を繰り返しても定数に満たない場合は、最下位得票者を他の候補者を他の候補者に移譲する。当選者が確定するまでこの手続きを繰り返す。

小選挙区選挙においてもこの方法（選択投票といわれます）が使われますが、比例代表制において異なるのは選挙区の定数が二議席以上である点と、票の移動を最下位得票者からだけでなく、上位得票者からも行う点です。

B　政党名簿式比例代表制

政党が候補者名簿を提示して、有権者が各党の候補者名簿の中から一つの名簿を選択して投票する制度です。各政党が獲得した得票率に比例して議席が配分されることから、比較的得票数の少ない少数政党でも議席を獲得することができます。

政党が提出する候補者名簿の拘束性の強さに応じて、次のような形態があります。

①　拘束名簿式比例代表制

有権者は、政党が作成した名簿の優先順位を原則、変更することができません。ただし、スウェーデンでは候補者名簿に記載されている候補者の中で、一人だけとくに支持する候補者に×印を付けることができ、その候補者が八％以上得票すると優先的に当選する仕組みも例外的にあります。スウェーデン、スペイン、イスラエルなどで導入されています。

そのような例外を許さない制度を、とくに厳正拘束名簿式比例代表制ともいいます。

②　非拘束名簿式比例代表制

政党は候補者に優先順位を記載しないで候補者名簿を提示し、立候補者の得票数によって当選者を決定します。わが国の参議院選挙の比例区で、特別枠を例外として採用されている方式です。デンマーク、ノルウェー、ポーランドなどで行われています。

③　自由名簿式比例代表制

ノルウェーの選挙では、候補者名簿に順位が記載されていますが、有権者はその順位を自由に書き換えることができます。また、候補者名簿から気に入らない候補者を削除したり、異党の候補者を追加したりすることもできます。ノルウェー、スイスなどで採用されています。

C　選挙区制と比例代表制の混合制

主に、小選挙制と比例代表制のそれぞれの良いところを引き出そうという趣旨で考えられたものです。そのため、性格があいまいなものとなったり、複雑なものになったりしたものもあります。

①　小選挙区比例代表並立制

小選挙区選挙と比例代表選挙の両方を分離並行して行う制度であり、わが国の衆議院選挙などで採用されています。双方の長所・短所を補うものと考えられていますが、どちらの割合が高いかによって結果に大きな違いが生じます。わが国の衆議院選挙の場合は、小選挙区と比例代表の定数の割合は、おおよそ六対四になっていて小選挙区割合が大きく、大政党に有利なものとなっています。

小選挙区比例代表並立制では、有権者は二票を有し、小選挙区は候補者個人に、比例代表では政党に投票するのが一般的です。

国によっては、小選挙区部分を中選挙区として複数の議員を選出する選挙制度を採用するところもあります。わが国の参議院選挙では選挙区と比例代表との並立制ですが、選挙区部分の定数は人口比により一人～一二人と異なっています。

この選挙制度を採用している国は、日本の衆議院選挙を始め韓国、台湾、タイ、ロシアなどがあります。

またわが国のように小選挙区と比例代表で重複立候補が可能な制度は、小選挙区の落選者のための救済手段となってしまっています。

②　小選挙区比例代表併用制

小選挙区比例代表併用制はドイツで典型的に行われている制度ですが、ドイツでは「個人化された比例代表制」と呼ばれているように、小選挙区制における個人選択の要素を加味した比例代表制のことをいいます。並立制と同様に、有権者は二票を有し、小選挙区は候補者個人に、比例代表は政党に投票します。基本的には比例代表制であり、全議席を政党の得票数に応じて比例配分されますが、各政党の中では小選挙区で当選した候補者に優先的に議席が与えられる仕組みです。

そのため、各政党に配分された議席より、小選挙区で獲得した議席が多いケースも生じてきますが、その場合は、この当選者を優先するため比例代表で配分された議席数を超えて該当する政党に小選挙区当選者の超過分の議席が与えられます。これを超過議席といいますが、超過議席がどれだけ生じるかによって、国会の総定数が選挙ごとに変わることになってしまうのです。

さらに複雑なことに、ドイツの場合は最近、憲法裁判所が、この超過議席が全国での政党ごとの得票数と議席数の比例配分の割合を歪める結果となるとして違憲の判決を下したことから、それを是正するため全国ベースで再度、政党別の得票と議席数を再集計して、配分の少ない政党に追加議席（調整議席）を与える制度改正を行ったのです。

この改正により、選挙区部分を小選挙区とするかブロックにするかの違いはありますが、北欧型の調整議席付非拘束名簿式比例代表制に近いものになってきたように思われます。

結果的に、少数政党にとって有利になるとともに、多党化により二大政党の集票力の低下、すなわち比例代表での二大政党以外の政党の議席増加議席獲得もあり、あらかじめ定めた議員定数を大幅に上回るケースが多くなったことから、総定数と実際の獲得議席数がますますかい離するようになってしまいました。

それにもかかわらず併用制は、小選挙区の候補者への有権者の投票が、死票になるより当選可能な大政党に投票先が向かう傾向があり、さらに政党間であらかじめ小選挙区と比例代表との投票先のバーターを約束し、いわゆる戦略投票といわれる票の取引を生むこともあり、大政党に依然有利な要素が残されています。

この制度を採用する国はそれほど多くなく、ドイツのほかニュージーランド、スロベニア、ルーマニアなどがあります。

③　小選挙区比例代表連用制

比例代表連用制は、小選挙区比例代表併用制と同じく比例代表小選挙区部分と比例代表部分から構成され、有権者は二票を有し、小選挙区では候補者個人に、比例代表では政党に投票することは併用制と同じです。

併用制との違いは、併用制はあらかじめ比例代表部分の投票数で各政党の獲得議席数をまず決めるのに対し（超過議席が加わりますが）、連用制では比例代表部分から小選挙区で獲得した議席分の商を除外して、残りの部分で得票数に応じて政党間の議席を比例配分するところにあります。

したがって、超過議席は発生しませんし、少数政党により有利な制度であるといわれています。この制度を採用しているところは、国レベルではボリビアやハンガリー、地方レベルではイギリスのスコットランド、ウールズ、ロンドンなどの議会で採用されています。

日本でも一九九三年にいわゆる民間臨調（政治改革推進協議会）がこの制度を提唱し、当時の社会党、公明党、民社党が合同で類似の法案をまとめ、民主党も一部導入の提案を行った経緯があります。

最近、韓国では、基本的に小選挙区比例代表並立制でしたが、比例代表制の一部にこの連用制を導入しました。これを韓国では「準連動型比例代表制」と呼んでいます。しかし、直近の選挙において、各政党が比例代表選挙のために別のダミーとしての政党（衛星政党）をつくり、比例代表制の当選者数から小選挙区当選議席数の削減を回避する手段に出て、この制度を形骸化させてしまいました。このような脱法的な方法にどのように対処するかが、この制度の課題です。

D　プレミア付比例代表制

特異な比例代表制として、かつてイタリアやギリシャで行われたプレミア付比例代表制がありま す。イタリア下院では原則二六の比例区を有する拘束名簿式比例代表制でしたが、この比例区で最多得票を獲得した政党連合または単独政党は、総定数六三〇のうち三四〇議席以上を獲得した場合はその通り議席が確定しますが、三四〇議席未満であっても有効投票の四〇％を超えた政党にプレミアとして、過半数を超える三四〇議席（総議席の五五％）が与えられます。そして、ほかの政党は、残り二七七議席をヘア式最大剰余法で配分されました。第一党に過半数の議席を与えて政権を安定的に運営させるというのがこの制度の趣旨でした。

ところが、二〇一七年にポピュリズム的新興政党「五つ星運動」が第一党になる可能性が高くなると、既成政党は不安に駆られてこの制度を廃止し、小選挙区比例代表並立制に改めました。古今東西、選挙制度の改革の背景に党利党略が存在することには変わりはないようです。

ギリシャの選挙制度も比例代表制ですが、三〇〇議席の総定数から、第一党に対して獲得した議席に追加して五〇議席が与えられ、その残りを他の政党で配分する方式が行われていました。これもプレミア付比例代表制といえます。ギリシャも二〇一六年にこのプレミア付きを廃止し、単純な比例代表制になりました。

第3節　比例代表制の優れているところ

次に、比例代表制のうち、一般的な政党名簿式比例代表制のどういうところが優れているかについて考えてみたいと思います。

優れている点は、まさに小選挙区制が抱えている欠点を解消する点にあります。

A　まず、得票率と議席率が比例することです。

比例代表制では、例えば、全国をブロック単位や県単位に分けて選挙区を設定し、各定数も一〇人以上になることが一般的です。そのため、各政党の得票率と議席率がほぼ比例することになり、有権者の民意が議席数に的確に反映されることになります。

また、国内にいくつかの比例区を設けると、少数政党が不利になることも考えられ、全国ベースで得票数を再集計して、議席数が足りない政党に議席を追加する調整議席（追加議席）を設けて比例性を徹底している国が多く見られます。

わが国の衆議院選挙では、小選挙区比例代表並立制という小選挙区制と比例代表が組み合された方式で行われていますが、小選挙区による議員定数の割合が約六二％と高く、大政党に有利なものとなっています。

小選挙区部分では、各政党の得票率と議席獲得率に大きなギャップが存在し、約四割の得票率で八割近くの議席を獲得することも珍しくなく、民意が反映された選挙制度とは言えません。

B　次に、死票が発生しません。

小選挙区制では、相対的多数の票で当選する場合、例えば三人から四人の立候補者がいれば、三〜四割程度の得票でも当選する可能性があります。候補者が二人で一騎打ちの場合でも、五〇％以上の得票で当選ですから、相手候補者が仮に四九％を得票しても落選ということになります。この四九％の票を、当選に役立たなかった票として死票と呼んでいます。これも一か〇かの選出方法であって、その中間を認めない、有権者の民意を反映しない制度だといえます。比例代表制では、有権者の得票数が議席数に正確に反映することから、死票というものがほとんど存在しません。

C　選挙のたびに問題となる一票の格差が解消されます。

わが国の衆議院選挙と参議院選挙の（小）選挙区部分では、選挙区間の一票の格差がたえず問題になり、選挙のたびごとに訴訟が提起されています。最高裁も次第に厳しい判断をくだすようになり、国会も定数是正に毎回追われているのが実情です。

参議院選挙では、県単位の選挙区において最低限一人の定数を保障していた「一人別枠方式」を、最高裁の違憲判決を受けて廃止しました。それどころか、県単位の選挙区の設定もできなくなり、地元に不評な県をまたぐ選挙区の合区まで行わざるを得なってしまいました。そして、その不満を解消するため、比例代表の比例区に特定枠を設ける奇策を行ったのです。

人口の大都市への流入現象は一向に収まる気配がないことから、一票の格差問題は現行制度を前提としている限り、これからも逃れることができない宿命となっています。

しかし、比例代表制を採用すれば一票の格差は解消し、この問題に煩わされることがなくなります。

D　低下傾向にある投票率の向上が期待できます。

わが国では、国政選挙でも地方でも投票率が長期低落傾向にあって、この向上が大きな課題となっています。とりわけ、衆議院選挙の投票率は、一九九四年の小選挙区比例代表並立制の施行後の投票率が大幅に低下しました。これは小選挙区制の下では大政党の候補者の当選が予測できることから、投票しても意味がないと考えて投票に行かなくなった人が多くなったことが、大きな原因であると言われています。

また、小選挙区に候補者を立てる政党の数が少なくなり、有権者が望む政党の候補者がいないために、投票しないケースも要因の一つです。

棄権する理由として、適当な政党や候補者がいなかったことを挙げる割合がいつも上位を占めています。比例代表制では、得票率に応じて当選する可能性が高まることから、幅広い政党が候補者を立てることで、有権者にとって選択肢が増えて、投票所に足を運ぶ有権者が増えることが期待できます。

E　比例代表制では、多党制が進み、より多様な民意が政治に反映されます。

小選挙区中心の選挙制度と比べ比例代表制は、少数政党も含め多くの政党が議席を獲得するチャンスがあり、それだけ多くの政党が政治の舞台に登場することが期待されます。議会である程度の議席を獲得できる政党を有効政党といいますが、その数は小選挙区制の下では二大政党に通常集約されます。

一方、比例代表制になると多党制なり、例えば、それほど政治的対立がないといわれる北欧諸国においても、いずれ国もおおむね「八党体制」が維持されています。同質性の高いと思われている北欧の国々でも、多くの政党が国会で活躍しているのです。それだけ有権者にとって投票先の選択肢が多くなり、多様な政党を通じて、自分の信条や考え方や望む政策を、政治に反映する機会が高まることになるのです。

また、既存の政党以外に、有権者を引き付ける政策を掲げた新たな政党が選挙に打って出て、一定の有権者の支持を得て議席を獲得するチャンスも格段に増えてくるのです。

F　政権党の独裁的・独善的な政治がなくなります。

対決型の政治から政党間の話し合いと妥協によるコンセンサス型政治に転換します。また、政党間による相互監視機能が発揮されます。

小選挙区制は一票でも多く獲得した政党の候補者が当選することから、大政党とか時代の風に乗った政党が、選挙における得票数に見合う議席以上に過大に議席を獲得する過剰代表を生む傾向があります。その結果、過半数の議席を背景に政権が自らの提出法案等を十分審議をしないままに、少数政党の反対を押し切って強行採決など専断的な政治運営を行うケースも少なくありません。

そのような政治手法を可能にした要因として、小選挙区制を背景にした政党執行部の独裁化があります。小選挙区では政党公認の候補者は一人です。だれを候補者にするかは政党執行部の一存となり、公認を得られない場合は無所属で立候補するか、引退せざるを得なくなり、政治生命にかかわってきます。

それに加えて、同時に誕生した政党助成金の配分権や、党の役員人事（政権党の場合は内閣人事も）も執行部が握ることになりました。その結果、政党執行部の意向に逆らえない状況が生まれ、独裁的な党内運営がまかり通るようになってしまいました。これも小選挙区制の負の遺産です。

比例代表制を採用している国々の政治状況を見ると、一つの政党が過半数を獲得する例はほとんどありません。そのため、選挙後に政党間で連立交渉が行われ、話し合いがついた政党が過半数を得た場合に、政党同士で政策協定を結び、連立内閣を成立させます。連立政権の成立や法案・予算の議決にあたって、政党間の交渉や調整や妥協が重要になります。

その結果、政治の態様も対決型からコンセンサス型に移行し、多数決による強行採決のようなケースはほとんどなくなると同時に、政党間による相互監視の下で政治が行われることになり、政治的な不祥事が少なくなると思われます。

G　政策本位の政党政治を実現します。

選挙において有権者の支持を得るために、各政党の政策論争にしのぎ合いようになり、政策本位の政党政治の実現が期待でき、また、少数政党が主張する政策が実現する可能性も高まります。さらに、お金のかからない政党本位の選挙が実施できます。

新規政党や少数政党を含む、多くの政党が議席を獲得する機会が高まることは、また連立政権に加われる機会が増えることでもあります。そこで、各政党はそれぞれ主張する政策を掲げて、有権者の支持を得るためアッピールにしのぎをけずることになります。

少しでも議席を多く獲得しようとする政党間の競争が激しくなれば、政党は自らの政策提言を重視し、政権に加わった場合には、その政策実現に対する責任も生じます。

また、比例代表制の下では連立政権をつくることが当たり前になりますが、諸外国の例からみると、過半数の議席を得るために、少数政党が連立政権に加わる機会も多く生まれてきます。その際に結ばれる政党間の政策協定のなかで、少数政党が長年主張してきた政策が盛り込まれ実現するチャンスも高まるのです。

例えば、ドイツの緑の党の原発廃止や、イギリスの自由民主党の選挙制度改革のように、少数政党であっても連立政権の一員となる機会に、その政党が長年主張してきた政策が、連立のための政策協定のなかに盛り込まれ、日の目をみる可能性も高まります。

さらに、選挙運動が個人単位ではなく、政党単位となることから、候補者個人が従来選挙運動に費やした選挙資金は、ほとんど必要なくなると同時に、選挙資金の収支の一元化が図られ、より透明化されることになります。現在は、選挙運動において候補者個人用のビラ・チラシ・はがき等にかなりの公的資金が投入されていますが、政党本位の選挙になれば、これらの経費がなくなり、公費節減の選挙運動も期待できます。

Ｈ　女性議員を増やしやすい仕組みです。

わが国においては、女性議員割合の向上が今日の課題となっていますが、比例代表制は女性議員を増やしやすい仕組みとなっています。

毎年公表されている国際機関などによるジェンダー指数を見ると、わが国は先進国の中で最下位であるだけでなく、世界ランキングでもずっと下位をさまよっています。

とりわけ、政治の分野でその傾向は顕著なものになっています。ごうを煮やして、二〇一八年（平成三〇年）に「政治分野の男女参画推進法」を成立させましたが、成果はなかなか現れてきません。この法律では、あくまで国、地方自治体、政党などに努力目標を課するだけで、義務づけではありません。

さらに、わが国において、女性議員が少ないもう一つの要因は、選挙制度にもあります。小選挙区においては、男性候補者が圧倒的に多いからです。地域の仕事関係や各種団体とのつながりは、圧倒的に男性が強いことや、昔からの世襲議員も男性議員がほとんどで、政党としてもこれらの当選可能な候補者を優先することが要因となるからです。

一方で、比例代表制では、比較的地元と候補者の関係が切り離され、政党も女性候補者を名簿に記載しやすくなるからです。北欧諸国では、比例代表の候補者名簿の順位を男女交互に行う、洋服のジッパーに由来するジッパー方式が当たり前になっています。男女の議員割合もおおむね半々です。

｜　若手政治家の育成や登用に活用できます。

政治家を志す人にとっても政党の選択肢が増えるだけでなく、政党にとっても有望な若手政治家の育成や登用に活用しやすい制度です。また、特定の議員による議席の固定化や世襲化を防ぐことにもなります。

政治家を志す人も少なくありませんが、小選挙区中心の選挙制度においては既存のしかも大政党の候補者でなければ当選する可能性は極めて難しい状況です。そのため、自らの主義主張と必ずしも一致しなくても、大政党の候補者となることを希望する人が多いと思われます。

比例代表制は多党制を招来しますが、政治家を志す人にとっても、みずからの信条や政策に合致した政党を選択できる幅が広がります。

また、政党にとって有能な若手の政治家を発掘し、育成し、登用することは極めて重要なことです。しかし、新人や経験の浅い候補を立候補させることは、小選挙区制の下では当選する可能性を考えると躊躇するケースも少なくありません。比例代表制で、しかも拘束性の高い選挙制度の場合は、選挙に弱くても候補者名簿の順位の高い方にリストアップすることで、政党にとって将来必要となると思われる有望な人材を政治家として育て、議員として当選させ、活用することも可能となります。

また、選挙区制、とりわけ小選挙区制においては、特定の議員による議席の固定化や世襲化する選挙区も少なくなくありません。議席の既得権化は、地元の様々な関係団体との利権構造を生み出す温床ともなりかねないませんが、より広域的で、人間関係よりも政党や政策本位の比例代表制ではそれらの弊害が防げます。

J　重複立候補制がなくなります。

現在の選挙制度に対する不信感の要因の一つに、衆議院議員選挙の小選挙区比例代表制の下での重複立候補制度にあります。政党要件を満たす政党は、小選挙区の立候補者を、比例代表でも重複立候補させることが可能であり、多くの政党がそれらの候補者を比例名簿の同一順位にして惜敗率で競わせる方法を採用しているからです。

その結果、小選挙区で落選した候補者が比例代表で当選するケースが多くなり、ゾンビのようだとして比例代表制に対し嫌悪感を抱く人たちも少なくありません。小選挙区候補者の固定化や世襲化にもつながっています。比例代表制一つにすれば、この問題は解消されます。

第4節　比例代表制への批判と応答

現在のわが国の衆議院選挙や参議院選挙においても、（小）選挙区制と比例代表制の組み合わせで行われています。しかし、ここで私が提案する選挙制度は、すべて比例代表制一本にするものです。比例代表制の全面導入には、さまざまな批判や意見が予想されます。ここでは、その予想される批判や意見と、それに対する私なりの回答をしたいと思います。

A　比例代表制の全面導入は、多党化現象を招来し、安定した内閣の成立・維持が難しくなり、政治が不安定化するのではないか、という比判です。

多くの人が抱く疑問だと思います。小選挙区制に基盤を置く二大政党制と異なり、比例代表制では多党による連立政権になりがちなことから、連立政権を構成する段階だけでなく、その後の政権運営を巡って与党内部の意見不一致による離脱の可能性を絶えず秘めており、政治の不安定を危惧する意見も多いと思います。

しかし、比例代表制を採用している北欧はじめ西欧諸国では安定した政治を行っており、良好な経済成果や高度な福祉国家を実現しています。それに、そもそも国内に対立や紛争の要素を抱えている国ほど、国内の政治の安定を求めて、選挙制度として比例代表制を採用してきているのです。比例代表制の下では、確かに多党化し、一つの政党で過半数を獲得するケースがほとんどなくなります。連立政権が常態化し、選挙後の連立交渉に時間がかかるのは、間違いありません。たとえば選挙終了後、連立政権ができるまで、最近ではスウェーデンやドイツのように選挙後三〜四カ月かかったこともあり、なんとベルギーでは一年半を要しました。しかし、いずれもその間、暫定政権が行政を担当し、日常生活に支障をきたすことはありませんでした。

個々の政策も、その都度議会を通過するための政党間の話し合いが行われ、強行採決など独断的な政治運営とは無縁なものになります。政治は、与野党の対決型ではなく、話し合いや調整を重視するコンセンサス型に移行します。そのような政治システムや政治文化を生んだ要因は、比例代表制という選挙制度にあるからです。たとえば、スウェーデンでは一九〇九年に比例代表制が導入されて以来、解散制度があるにもかかわらず、一度も議会の会期途中の解散が行われていません。きっちり、会期の四年ごとの選挙が行われているのです。

また、北欧では少数政権の成立も珍しくありません。議席の過半数を獲得できない場合でも、ある政党が組閣に中立を決め込み反対しないために、反対が過半数に至らずに内閣が成立することも可能だからです。閣外協力もひんぱんに行われています。

もちろん、制度を導入すれば、すぐに北欧のような方式が実現するわけではありませんが、年月がたつとともに、わが国においても、しだいにこれらの政治文化が定着していくのではないでしょうか。

考えてみれば、有権者による政党選択と、政党間の連立交渉の過程は、二度にわたる民主主義を実現する機会ととらえることもできます。民主主義とは、独裁政治と異なり、時間のかかるものなのです。

B　二大政党制に比べ、政権交代の機会が減少するのではないかと、考える方もいると思います。

一九九四年（平成六年）に成立した政治改革四法は、円滑な政権交代が行われる選挙制度を目的として、小選挙区比例代表並立制を導入しました。当初は、期待通りの成果が生まれるのではないかと見られたものの、結局、自民党に対峙する野党が四分五裂したこともあって、二大政党による政権交代の政治の夢はほとんど実現されずに、逆に、一党独裁的な強権政治を生んでしまいました。新しい選挙制度の小選挙区効果が、大きく影響したからです。

比例代表制を採用している諸外国の例を見ると、複数政党による連立政権が当たり前の状態になりますが、一般的に各政党の理念や政策の違いにより、右翼ブロック、左翼ブロック、あるいは中道ブロックなどに大きく分かれて、そのブロック間による政権交代がひんぱんに行われています。

有権者は、その時々の政権を担っている連立内閣を構成している政党の実績評価を行って、次の選挙において投票先を決めています。その時の各政党の獲得議席数の変動により、次の連立内閣を構成するブロックや政党の組み換えが起こり、事実上の政権交代がひんぱんに行われているのです。

C　比例代表制では、政党しか選べず、人物を選択できないのではないか、という比判もあります。

政治家個人の資質・能力は重要な要素であって、選挙においてその選択する余地を比例代表制はなくしてしまうというのです。もっともな意見ですが、比例代表制といっても様々な形態があるのです。主な種類として次のようなものがあります。

比例代表制の形態のところでお話したように、拘束名簿式を採用すれば政党が提出する候補者名簿の優先順位を原則、変えられませんが、非拘束名簿式であれば有権者は名簿記載の候補者を自由に選択できて、得票数の多い順に当選者が決まります。

さらに、自由名簿式であれば、政党が提出する名簿順位を、有権者が自由に変えることができるばかりでなく、他党の候補者も選べる異党候補者投票制も存在しています。デンマークのように、一律に決めるのではなく、拘束式にするか非拘束式にするかを政党の自主性に任せる国もあります。

しかし、より大局的に時代の流れを眺めると、選挙が人物選択から政党選択へと移行してきていると考えられます。議院内閣制をとっている国においては、連立も含め、過半数の議席を得た政党が政権を担う政党責任内閣制が当たり前になっています。

現実の政治が政党単位で動いていることを前提にすると、選挙は有権者が期待する政治を実現してくれそうな政党を選択する機会であると、考える傾向が強くなると思われます。

わが国においても投票先を決める理由を尋ねた世論調査では、常に政党を基準に選んだという回答結果が半数近くであるのに比べ、人物重視は約三割という結果もその現れだと思います。

比例代表制を採用している国々では、政党が示す候補者リストの中から好きな候補者を選択できる非拘束名簿式をとっている国が多いようです。

D　比例代表制では、議員の地域代表という性格が薄れるのではないかという意見もあります。

選挙区制では比例代表制に比べ、確かに議員はその選挙区の代表者という傾向が強く現れるかもしれません。しかし当選して議員になった以上、国会議員は地元選挙区の利害を代表する立場を超えて、憲法第四三条に謳われているように「全国民を代表する選挙された議員」でなければなりません。

もちろん地域代表という性格もなくならないことは否めませんが、比例代表制においてもブロック単位や県単位の比例区制にすれば、地域代表的な性格も併せ持つことができると思われます。ほとんどの比例代表制を導入している国で行われています。

最高裁は、二〇一一年（平成二三年）の判決で参議院選挙における地域代表制の性格を体現する、各県に最低一議席の確保を保障する「一人別枠方式」に関する判決のなかで、この制度が投票価値の較差を生じさせる主要な要因となっているとし、この基準による区割りは憲法の投票価値の平等に反すると判断しました。これも議員の地域代表制よりも、重要な価値の存在を示していると考えられます。

ブロック単位または県単位の比例区を設定した場合のもう一つの問題点として、比例区の単位を狭くして定数を少なくすればするほど、少数政党にとって不利にならないかという点です。その通りです。そこで、比例代表制を採用している多くの国においては、比例区の集計で政党別の議席数が決まった後に、改めて得票の全国集計を政党別に行い、得票率に比して配分議席数が足りない政党に議席の追加配分を行っているのです。そのための調整議席をあらかじめリザーブする制度を設けて、比例性の徹底を図っています。

E　名簿式比例代表では、名簿の順位が政党執行部によって恣意的に決められるのではないか、という批判もあります。

わが国の衆議院比例区の選挙は、ブロック別に名簿式となっていて、名簿順位は政党執行部が決めていますが、政党にとって重要な候補者とかタレントなど知名度のある候補者が上位にランクされる傾向があります。また多くの政党で重複立候補制を利用して、同順位にそれらの候補者を並べて小選挙区の得票の惜敗率で競わせる方法をとっています。

その名簿順位が政党執行部により恣意的に決まられ、民主的ではないのではないかという批判は、わが国の場合はその通りだと思います。

西欧の比例代表制を導入している国の多くは、非拘束式を採用しており、名簿に登載されるかどうかという問題はありますが、登載されれば得票順に当選者が決まります。

わが国の参議院選挙の比例代表も、新設された特定枠を除いて、同じ方法を採用しています。拘束名簿式の名簿順位をどう決めるかは、法制化しているわけではなく、それぞれの国の政党の判断に委ねられているようです。英米の小選挙区制における候補者を党員などの予備選挙や党員集会で決めているように、スウェーデンなどの北欧諸国では多くの政党で、比例区ごとの党員による予備選挙で順位を決めているようです。

わが国でも政党執行部の一存ではなく、党内民主主義を進める意味でも、予備選挙や党員集会で決める方法を取り入れる工夫が必要だと思います。

F　政党に所属していない人が個人で立候補できないのではないか、という人もいます。

この問題も制度設計しだいです。たとえば、多くの北欧諸国ではブロック単位あるいは県単位の比例代表制ですが、個人の立候補も認めています。その場合には、一定程度の推薦人の署名を求めています。

スウェーデンの比例代表制では、個人の立候補は認めていないものの、国政選挙の場合二人以上の候補者がいて、推薦人が一五〇〇人（県選挙では一五〇人、市町村選挙では一〇〇人）いれば自分たちの政党を簡単に立上げて、選挙に参加できます。直近の二〇一八年九月の国政選挙では三四の政党が選挙に参加しました。

わが国ように国政選挙で選挙区の場合一人三〇〇万円、比例代表の場合一人六〇〇万円の供託金を用意しないと立候補できない仕組みと、どちらが個人に優しい選挙なのでしょうか。

G　比例代表制にすると泡沫政党が多数参入して、政治に混乱を起すのではないかと、危惧する人もいるかもしれません。

比例代表制が少数政党や新規政党の進出がしやすい制度であることから、いわゆる泡沫的な政党が国政に参入する可能性は避けられません。しかし、それが一時的な泡沫政党で終わるのか、あるいは政党として多くの支持者に支持されて継続・発展するのかはその政党の力量にかかっています。はじめから、泡沫政党というレッテルを貼って参入を阻止する仕組みを設けることには、私はあまり賛成しません。

しかしそれを懸念する向きには、北欧諸国で多く行われているような新規政党には選挙の候補者リストを提出する際に、一定数の支持者の署名の提出を求めるとか、多くの比例代表制を導入している国で行われている阻止率を採用することも考えられます。阻止率とは、比例代表による得票率が一定以上確保しなければ、議席を与えない制度のことを言いますが、多くの国で二〜五％の阻止率を設けています。

H　衆議院・参議院選挙とも比例代表制が部分的に並存しておりそれで十分ではないか、と考える人もいるかもしれません。

確かにいずれも選挙区制と比例代表制が並存していますが、衆議院の場合は、総定数四六五のうち小選挙区定数が二八九人（六二・二五％）、比例代表定数が一七六人（三七・八五％）です。

参議院の場合は、総定数二四八人のうち選挙区定数が一四八人（五九・六七％）、比例代表定数が一〇〇人（四〇・三二％）で、選挙区定数と比例代表定数の割合はいずれもおおよそ六：四になっています。ちなみに、参議院選挙の四五選挙区のうち一人区は三二選挙区で小選挙区と同じ状態になっています。

このよう衆参議院選挙とも（小）選挙区の定数割合が高く、得票数により獲得議席数を決めるという、本来の比例代表制の趣旨が満たされているとは到底思えません。

I　以前の中選挙区制に戻した方がいいのではないか、と考える人も少なくありません。

現在の小選挙区比例代表並立制が、議席の過剰代表（得票率に比べ議席数を過剰に獲得すること）や過少代表（得票率に比べ議席数が過剰にすくないこと）を生む要因となり、ひいては過剰代表の政党による独善的な政治を引き起こしたとして、改正前の中選挙区に戻すべきだという主張も多く聞かれます。同じ自民党一党優位体制でも、党内のチェック・アンド・バランス機能が派閥によって維持された時代を懐かしんでいるのかもしれません。

しかし、かつての定数が三人～五人の中選挙区制の下では、同じ政党に属する候補が競い合うことから金権政治や派閥政治の温床とされ、政党間の政策選択の選挙を目指すべきだとして制度改革が行われた理念は、忘れるべきではないでしょう。また、中選挙区制の下では、大政党は複数の候補者を擁立しなければ政権に近づけません。そのため、票割りがうまくいかずに、共倒れのリスクをたえずはらんでいます。

現在の制度が様々な問題を抱えているからと言って、以前の制度を復活させるべきだという主張は、あまりに短絡的かつ便宜主義的だと思います。過去の制度を復活させるのではなく、金権政治ではなく、政策選択がより実現でき、しかも独善的な政治を生じないような選挙制度を目指すべきではないでしょうか。

私は比例代表制こそがその理念を実現する制度だと考えます。

Ｊ　比例代表制を採用した場合、衆参両院とも同じ制度にするのか疑問をもつ方もいらっしゃると思います。

わが国では憲法上二院制をとっていますが、内閣総理大臣の指名、予算の先議権や予算・条約の再議決などで衆議院の優位が認められています。そのほかは、対等の権限が与えられていることから、政府与党が参議院で過半数を得られないいわゆる「ねじれ現象」が生じると政治運営が難しくなり、これまでも政治の混乱を招くことも少なくありませんでした。そこで、参議院無用論もしばしば唱えられます。

選挙制度については、衆議院が小選挙区制と比例代表が並立されているのに対して、参議院は原則、都道府県単位の選挙区制と比例代表が並立しています。衆議院はすべて比例代表制が望ましいと考えますが、その場合、参議院の選挙制度をどうするかについては、別の観点からの考慮も必要です。参議院はよく「良識の府」といわれ、「抑制と均衡」（チェック・アンド・バランス）の機能が期待されています。そこで、その機能を十分に発揮できるための選挙制度であることも期待されます。

衆議院の政党選択に対して、参議院は良識と経験の豊富な人物を選出できる制度が望ましいとよく言われますが、具体的にそれに適した選挙制度についてはさまざまな議論があります。

比例代表制の非拘束式のように人物重視の制度を部分的に取り入れている現行制度の下においてさえ、参議院が期待される人物が選ばれていると考える人はそんなに多くないと思います。むしろ、衆議院より業界・利益・組合代表的な議員が多いのが現実です。政党政治を前提にした場合、選挙制度を変えれば良識と経験豊富な人物が議員として選出することができ、参議院は良識の府としての役割を果たせるという考え方自体が幻想かもしれません。

考えてみれば、参議院の存在自体が「抑制と均衡」機能を果たしているのではないでしょうか。

もし、衆議院と参議院との「ねじれ現象」が生じた場合、皮肉にも「抑制と均衡」機能は最大限に発揮されるともいえます。

憲法上は両院において、任期と参議院の半数改選以外に、選挙制度について違いはありません。良識と経験豊富な人物の選出が幻想であり、参議院存在自体が「抑制と均衡」機能を果たしているとしたら、仮に同じ選挙制度にしたとしても、私にはそれほど問題はなさそうに思えます。

参議院選挙では、三年ごとに半数の議員が選挙の洗礼を受けなければなりません。衆議院選挙と併せて、国民の民意を政治に反映できる機会が多いことは、それだけでも意味のあることだと思います。

ちなみに、北欧諸国では当初から一院制であったアイスランドを除いて、すべて二院制から一院制になりました。身分制もなくなり、比例代表制による連立政権が常態化するようになると、あえて抑制機能としての第二院の必要性がなくなったことによるのではないかと思います。

K　比例代表制での選挙において、現存する政党間の不平等を是正すべきであるという意見があります。

その通りだと思います。政党名簿式比例代表制を採用する場合に重要となるのは、政党間において制度的に有利または不利が生じてはならないということです。できるだけ同じ競争条件の下で競い合う環境をつくらなければ、公正公平な選挙が行われたとは言えなくなります。

わが国の現行制度では、国政選挙において五人以上の議員を有する政党とか、直近の選挙で二％以上の得票数を獲得した政党などとそれ以外の政党とは、比例代表の候補者数の要件や選挙運動の範囲が異なっていて、政党間に大きな差別が生じています。この差別は、政治資金規正法による政治献金の受領や、政党助成金制度における交付金の供与においても、政党間で存在します。

比例代表制を基本とする制度を導入する場合には、選挙において政党間で不平等な競争が強いられるような条件の撤廃ができるだけ必要だと考えます。

L　一挙に単純比例代表制を導入するのではなく、現行制度との折衷案的な小選挙区比例代表併用制を採用すべきである、という意見も多く聞かれます。

ドイツで行われている小選挙区比例代表併用制は、国会の総定数のうち小選挙区定数と比例代表定数が半分ずつとなっていますが、まず、比例代表の得票率で政党別の獲得議席数を決めます。その議席範囲の中でだれを当選者とするかを決める時に、小選挙区の当選者を優先し、残った議席を比例代表の候補者名簿の高い順に決定します。

しかし、比例代表で配分された議席数をオーバーして小選挙区での当選者が多い政党が現れるかもしれません。この場合、オーバーした分を削るのではなく、超過議席として比例代表で配分された議席数にプラスされます。その結果、議会の総定数が増えることになり、国会の総定数があらかじめ決まっていますが、実際には選挙ごとに変動することになります。

問題は、最近、超過議席が増え続けていることです。その理由は、ドイツの二大政党であるキリスト教民主同盟（ＣＤＵ）・社会同盟（ＣＳＵ）と社会民主党（ＳＰＤ）の集票力が衰え、従来からの第三党であった自由民主党以外に、緑の党、左翼党、ドイツのための選択肢など新たな政党が次々と政界に進出してきたからです。

比例代表で五％という高い得票率を得なければ、議席を獲得できないという高い阻止率を設けているにもかかわらず、それを乗り越える政党が増えてきたのです。その結果、現在は連邦議会は六党体制になりました。

二大政党は、小選挙区ではかろうじて議席を確保するものの、比例代表ではかなりの票をそれらの政党に票を奪われ、比例代表で配分された議席数では足りない超過議席が増えてきたからなのです。

ドイツではみずからの選挙制度について、「個人を選択できる比例代表制」と呼んでいますが、これは比例代表制を基本とし、小選挙区で候補者個人も選択できる制度であるということを現わしている言葉です。ところが、多党化現象により、この基本原則が揺らぎだし超過議席が増え続け、それにより国会の総定数が増え続けることになってしまったのです。

そもそも、この併用制はそもそも戦前の小党分立を避け、二大政党制の形成を前提に制度設計されたものです。おおむね比例配分の範囲内に小選挙区当選者が収ますものと考えていたので、今日のような多党化現象は予想外だったのです。

この超過議席の増大は、比例制の基本原理を歪めるものとして、ドイツ憲法裁判所は二度にわたり憲法違反であるという判断を下しました。その結果、併用制を維持するため、政党別に全国ベースで得票数と獲得議席数を再計算し、比例性の原則から得票数に比べ議席数が足りない政党に対して、追加議席（調整議席）を与える制度を新設したのです。

その結果、超過議席や調整議席（追加議席）により、ますます国会定数は毎回変動し、その幅も大きくなるという複雑なものと変貌してしまいました。直近の二〇一七年の総選挙では、定数五九八議席に対し、実定数は一一一議席多い七〇九議席でした。

今から考えると、そこまで比例制にこだわるなら、単純な比例代表制にして、人物も選択できる非拘束式になぜしなかったのか不思議ですが、当時は二大政党制がこんなに揺らぐことになるとは想像できなかったのではないでしょうか。

とはいえ、ドイツの併用制では建前の国会の定数は、小選挙区と比例代表が半々です。そのため、小選挙区で勝利する可能性の高い大政党が有利な仕組みは残ったままです。そこで次善の策として戦略的投票ともいわれますが、政党間で票の貸し借りの取引を行ったり、有権者が当選しやすい候補者に投票する傾向（バンドワゴン効果）もあるようです。

現代のように価値観や志向が多様化し、政治の多党化現象が進行するなかで、併用制がうまく機能するのか再検討が必要だと思います。

第8章　時代遅れの二大政党制

A　歴史の偶然から生まれた二大政党制と小選挙区制

英国において成立した二大政党制や小選挙区制は、いずれも当時の英国が置かれた政治社会事情から誕生したものです。国王、貴族、聖職者、資産家、商工業者、農民、労働者などの熾烈な勢力争いのなかから、妥協を重ねながら徐々に形成されてきたのです。別にお手本や青写真があったわけではなく、英国人らしく経験主義と現実主義に基づいて一つひとつパズルを解いていくように、目の前の課題解決に懸命に取り組んだ結果なのです。この点が、小選挙区の弊害を是正しようと、何人かの学者が工夫を重ねて考案した人工的な比例代表制とは違っています。

この英国の統治体制が、世界各国の一つのお手本として普及していったに過ぎません。なぜならば、当時、英国に匹敵するような進んだ政治体制はほとんど存在しなかったばかりか、経済力や軍事力で抜きんでいたからです。

しかし、今日の英国やアメリカの政治の状況を見ると、二大政党制や小選挙区制の制度疲労が目立ち、これらの制度が曲がり角にきているように、私には思われます。最近のＥＵ離脱の時の英国政治の混乱ぶりや、トランプ前大統領に翻弄されるアメリカ政治の状況を見ると、その感をとくに受けます。

B　わが国の小選挙区制が生んだ弊害

一九二五年（大正一四年）と一九九四年（平成六年）の選挙制度の大改革は、その後の政治を一変させました（第5章、第6章、参照）。改めて、選挙制度の影響力の大きさに驚かされます。その後の政治が、決して良い方向に行ったとは思えませんが、奇妙なことに二つの改革とも、当時は進歩的な内閣の下で実行されたことです。前者は、藩閥政治を批判した護憲三派内閣であり、後者は長らく続いた自民党政権に代わった細川連立内閣という現状打破を唱える革新的な政府であったことです。

そもそも小選挙区制は、戦後自民党が実現しようとして失敗した悲願の選挙制度でしたが、それが自民党政権ではなく、反自民党政権において実現したことは、歴史の皮肉といってよいのかもしれません。

一度目の試みは一九五五年（昭和三〇年）一一月に自民党ができた段階で、鳩山一郎内閣の時ですが、一九五六年には法案がある程度固まって、マスメディアもイギリス型の二大政党制を導入するために小選挙区制が必要だというような形で喧伝し、世論も支持するようなことがありました。ところが自民党の中で、法案を検討している中で、様々な形で議員が個人の思惑で選挙区域をいじり始め、いわゆる「ゲリマンダー」といわれる選挙区を自分の有利に線引きする動きが生じ、一転して野党は反対に転じたのです。世論も「ゲリマンダー」に怒り、野党に同調するようになり、自民党は問題ある区割り案を削除したものの、結局修正案は参議院で廃案になってしまいました。

二度目の動きは、一九七二年（昭和四七年）に成立した田中角栄内閣の時で、選挙制度審議会が小選挙区比例代表制を提案したもので、後に細川内閣の時に実現した、いわばその原案ともいえる制度がこの時に生まれました。

原案までできましたが、野党の反対ばかりでなく、国民のなかにも「これは独裁政権をつくるための改革だ」という反対論が起こり、自民党の中からも慎重論が高まり、ついに撤回されたのです。

それにしても、小選挙区中心の選挙制度の抜群の効果には目をみはります。全国にはりめぐらされた利益団体や後援会をバックにした自民党と、それを補強する全国ネットワークの公明党を相手にしては、志向する政策も異なり、無党派層を中心とする風頼みの寄合所帯の野党勢力では勝負になりません。再び、自民党の一党優位体制が息を吹き返したばかりか、中選挙区時代の派閥均衡政治から、公認権、お金、人事を一手に握る党執行部の独裁政治へと様変わりしてしまいました。

Ｃ　選挙における個人選択への根強い信奉

比例代表制に反対する人たちの中には、政党に対する不信と根強い個人選択へのこだわりがあるように感じます。かなり政治に関心が強い人のなかにも、少なくありません。

比例代表制でも、人物選択が可能な制度があることは既に説明しましたから、ここでは政治家個人の選択について考えてみたいと思います。

選挙でも、例えば、大統領や知事や市長村長のように強い行政権を有し一人だけの代表者を選出する首長選挙であれば、候補者個人の適性がとても重要になります。そういう選挙では、所属政党よりは候補者個人の選択が重視されるのは理解できます。

しかし、国会議員を選出する（小）選挙区選挙においては、候補者が与野党一人ずつか、それよりやや多い程度です。そういう候補者が限られた条件の下で、みなさんはあくまで政党よりは人物が重要だと考えて投票するのでしょうか。一般には、自分の考えに近い政党をまず選び、もしそのなかに複数の候補者がいれば、より適任だと思う候補者に投票するのではないでしょうか。

現実の政治の世界は政党中心に行われており、どんなに政治家個人として優秀であっても、どこかの政党に所属しその中で頭角を現して、政党を引っ張っていくような立場に立つというプロセスを踏まなければ何もできません。

国政の場合、仮に、どんなに政治的才能が優れている政治家であっても、無所属であれば、自分の得意とする分野の委員会にも入れず、国会質問もわずか数分という境遇が待ち構えています。国会運営は議員の数がモノをいう世界であって、委員長や理事のポスト、委員会の所属先、質問時間などあらゆるものが各政党の議員数に応じて配分されているからです。無所属議員は無所属のままであれば、いくら政治的才能を発揮しようと思っても、ほぼ無力に等しいのです。

かつて、戦後直後の参議院には、「良識の府」としての役割を発揮しようという思いの無所属議員たちが集まり、「緑風会」という会派をつくり、最大勢力となったことがありました。後に最高裁長官になった田中耕太郎や作家の山本有三ら知識人も加わり、党議拘束もないゆるやかな会派でしたが、結局は、政党化の波に抗しきれず、政党の草刈り場となり、たちまちのうちに消滅してしまいました。

選挙において、個人選択を重視する考えは決して間違ってはいないのですが、あくまでも政党政治の枠内でしか通用しないのが現実です。

D　目指すべき比例代表制

わが国においても、二大政党制を望ましいとして小選挙区制中心の選挙制度を導入しましたが、結果は、元の黙阿弥に終わりました。仮に、野党連合が功を奏し、政権交代が起こったとしても、それで安定した二大政党制が実現するとは到底思えません。

今日のわが国の政治の世界には、さまざまな信条、理念、政策など存在し、二つの政党だけに集約することはそもそも無理なのです。もしそれが可能であるとすれば、それは単に権力を握りたいだけの、その場しのぎの覇権争いに過ぎなくなるのではないでしょうか。最近の英米の二大政党の抗争を見ていると、政策論争というより憎しみに近い権力闘争に陥っているようで、それに国民も巻き込まれている気がします。

比例代表制になった北欧諸国では、当初五党体制といわれましたが、今日ではおおむね八党体制です。

小選挙区比例代表併用制の下で、キリスト教民主同盟・社会同盟と社会民主党の二大政党に始まったドイツも、今は六党体制といわれるようになりました。すでに州政府の段階で、さまざまな政党の組み合わせの政権が成立しています。二大政党制の本家本元である英国も、地域政党や新興政党の国政舞台への進出で、保守党と労働党の二大政党の地位は低下するばかりです。

今日の多様化の時代においては、従来の階級意識や団体・地域への帰属意識は希薄になり、個人の価値観や考えや好みにより政党を選択するようになってきたからです。

小選挙区制、あるいは小選挙区優位な制度の下でも、その制約を潜り抜けて新興政党が進出するようになった要因はそこにあります。

この新しい時代と国民の価値観や意識の変化に、正面から応える制度として、比例代表制による多党制が望ましいのではないでしょうか。小選挙区制に基づく二大政党論は、すでに時代遅れか、周回遅れの主張のように、私には思えます。

おわりに

はじめのところでお話ししたように、私は北欧の政治や社会に啓発されていろいろ学ぶようになりました。最後に、そのなかでとくに印象的な二つの概念と実践について、お話したいと思います。

一つは、スウェーデンの「国民の家」という概念です。一九三二年から一九四六年まで、途中中断がありましたが、長期にわたり首相を務めた社会民主労働党のアルビン・ハンソンは、スウェーデンという国家は一つの家族みたいなもので、すべての国民が平等であり、お互い助け合っていかなければならないと訴え、今日の福祉国家の礎を築いたのです。

当時、資本主義国家と共産主義国家が相争うなかで、「国民の家」構想は、スウェーデンの第三の道ともいうべき福祉国家の実現のための重要な政治理念であり、目標となりました。そして彼は、小学校から大学院までの教育の無償化や国民皆保険などを実現しました。

もう一つは、デンマークの「フォルケホイスコーレ」(国民高等学校)についてです。牧師でもあり、詩人、思想家、教育者でもあったニコライ・フレデリク・グルントヴィが、生きるための学校として、いわばフリースクールともいうべき、「民衆の民衆のための民衆による」全寮制の成人教育施設をつくりました。この学校は一九世紀にデンマークの農村を中心に設けられましたが、またたくまに国内はもとより世界中に広まりました。大正時代にわが国においても、いくつかの同様な学校が設置されました。

この実践の重要なことは、教育こそが国の要であるとして、教育を受けることが難しい主に農民に対して教育の場を提供したことにありますが、死んだ文字より生きた言葉が重要だとして、人と人との対話を重視し、教師も学生も対等でお互いに学びあう場所であるというところに独特の教育理念があります。

デンマークでは、このほか貯蓄銀行の設立、農業協同組合運動など地道な草の根の運動が実を結び、荒れ地が開墾され土壌の改良が進み、今日酪農を中心とする世界有数の農業国家を実現しました。

いずれも、歴史に翻弄され、過酷な条件に置かれた国が、生き残るために編み出した貴重な概念と実践だったと思います。これらの努力が実り、今日の高度な経済力と手厚い福祉・教育を両立させる国家に成長したのです。

選挙制度を考える上で大事なことは、わが国のこれからの社会の将来像をどう描いていくかということです。わたしは、誰もが安心安全に暮らせて、自由平等にだれもが自分の個性を十分に発揮できる社会ではないかと考えます。そして、そのために政治があると思います。

しかし、多くの人が総論的には賛成であっても、そこに至る過程やとくに重視する分野などでさまざまな意見の違いがあります。

ここで大切なことは、個々の人たちの意見の違いを尊重しながらも、お互いに話し合い、調整しながら妥協点を見いだすことだと思います。そのプロセスこそが、民主主義の原点ではないでしょうか。

そういう考えからすると、今日の日本の政治システムには問題があり、変える必要があると思います。国会や地方議会は、国民や住民のもつさまざまな考えや意見を反映する鏡でなければならないからです。

政治の舞台では、政党が有権者と議会を結ぶ役割を担っていますが、二大政党論は、多様な意見を二つの政党に無理やりに集約しようというものです。その結果は、英国やアメリカの二大政党に見られるように、政党間の争いに明け暮れするばかりか、党内にさまざまな異なる立場の議員が存在して、時には党内対立が激しくなり一体的な行動をとることが難しくなることも少なくありません。

それ以前に、有権者が自らの考えを実現してくれると期待して一票を投じた政党が、なんの行動も起こさないばかりか、場合によっては正反対の行動をとることもありえるのです。

有権者が、最も自分の立場を代表して行動してくれると信じる政党の選択の余地が広いことが、国民と政治を近づけるおおきな要素になると思います。ところが、投票したい政党や政治家がいないというのが、世論調査でいつも棄権理由の上位を占めているのが現状なのです。

そのためには、小選挙区制に基盤を置く二大政党制ではなく、比例代表制による多党制の実現こそが、日本の社会の将来像へ向かう近道だと考えます。

理念や考え方が異なる政党が多く存在して、はじめて社会の多様性と共生や、相互監視が機能して公正でクリーンな社会が実現するのではないでしょうか。

いまの選挙制度は、有権者の意見を代表するはずの政党数が限定され、少数政党や新規政党が政治に参入するには極めて高いハードルありすぎます。

昔は、多数決こそが民主主義の基本だと習いました。しかし今日では、少数者保護が重要であり、社会の多様性を認め、すべての人たちとの共生・共存こそが民主主義の基本である、という考えが世界の潮流になっています。

それに、女性議員の割合が国会でも地方議員でほかの先進国に比べて極端に低いことは、大きな問題です。毎年行われている列国議員同盟（ＩＰＵ）の調査でも世界の国々の中でわが国は下位を低迷しています。二〇二〇年のＩＰＵの報告書によると、下院（わが国では衆議院）の女性議員割合は九・九％で世界一九一ヵ国中一六六位でした。

日本はいまだに「政治は男が行うもの」という意識が残っているのかもしれませんが、選挙制度も大きく影響していると思います。とくに小選挙区制では、日頃から地域の経済社会と結びつきの強い男性政治家が当選しやすい傾向があります。

一方で、比例代表制が定着している北欧諸国では、ほぼ議員も男女半々、二〇二一年現在では五か国中四カ国で女性が首相になっています。このように比例代表制は、男女共生社会との相性がいい選挙制度だと思います。

北欧の政治で、もう一つ感心するのはその質素とクリーンさです。スウェーデンの国会議員の給与は小学校の教師の二倍程度です。一部の幹部を除いて、公用車もなければ公設秘書もいません。ワンルームマンションのような執務室と、最近ようやく設置された質素な議員宿舎があるだけです。たえず透明性が求められ、ぜいたくは許されませんし、特別の検察官からなる「汚職対策部隊」も設けられています。その結果、各種調査において世界で最も汚職が少ない国の一つにいつもランクインされているのです。

社会をリードすべきわが国の政治の世界が、その面でも遅れをとっているのはとても残念なことです。選挙のたびごとに、政党関係者はもちろん、国民も一喜一憂しますが、その結果を生み出す選挙制度のおかしさにもっと関心をもって、改革しなければならないと考える人が、少しでも多くなることを願ってやみません。

そして、日本の将来について、日本の政治について、誰もがもっと自由に話し合える社会をつくろうではありませんか。なぜなら、日本の将来像は、あらかじめ決まった答えがあるわけではなく、みんなが一人ひとり議論しながらつくりあげていくものだからです。

補論

わが国の地方議会選挙の制度と課題

　これまで、国政選挙についてお話してきましたが、最後にわが国の地方選挙の制度と課題について簡単に説明したいと思います。ある意味で、国政選挙以上にいろいろな問題に直面しているのかもしれません。

　ご承知のとおり、憲法第九三条の規定により、地方公共団体の長（首長）とその議会議員のいずれも住民の直接選挙によって選任される二元制を採用しています。国によっては、議会が首長を選任するなど一元制をとっているところも少なくありません。

　首長選挙は、わが国では有効投票総数の四分の一以上という条件がありますが、相対的多数の得票を得た候補者が当選することになっています。しかし、外国では過半数の得票を必要としている国も多く、上位者による決選投票を行う二回投票制や、候補者に好きな順に番号を付けて投票する単記移譲式投票制などが採用されているところもあります。有力な候補者が複数立候補して得票数が分散した場合、仮に三割程度の得票率でも当選するのは、確かにおかしなことだと思います。最近ではある市長選挙で候補者がいずれも法定有効投票の四分の一以上を得票できずに、再選挙になった事例もありました。

このように首長選挙の方法も再検討が必要だとおもいますが、ここでは地方公共団体の議会議員選挙の制度やその課題について触れたいと思います。

第1節　地方議会議員の選挙制度の仕組み

選挙制度は都道府県・指定都市の議会議員選挙と、その他の市区町村議会議員選挙とに大きく二つに分かれます。ここでいう区とは、東京都特別区のことです。都道府県・指定都市の議会議員選挙は複数の選挙区制になっていますが、その他の市区町村議会議員選挙は、原則一つの大選挙区制を採用しています。今日では、これら選挙区の設定は地方公共団体の条例で自ら行うことができますが、実際は町村合併で一時的に旧市町村による選挙区を残すケースもありますが、ほとんど全域を一つとする大選挙区制になっています。

つぎに、地方議会議員選挙の選挙区や定数の課題についていくつか上げておきます。

A　都道府県の選挙区の定数がばらばらで、一人区と二人区が多いことです。

都道府県議会議員選挙の選挙区定数は、一～一七人区と幅があり、しかも一人区が四〇・四％、次いで二人区が三〇・一％とこの二つで約七割の選挙区を占めています。農山村部に多く、議員の議席の固定化や世襲化につながる恐れがあります。

また、選挙区間の一票の格差も、東京都の島しょ部の五・三九倍を例外としても、神奈川県の三・〇〇倍、茨城県の二・七九倍など一三都道県において二倍以上の格差が存在しています。

指定都市議会議員選挙の選挙区の場合は、都市部が多く、定数も二～八人区と幅がありますが、五人区の二一・七％と六人区の一三・一％を中央値として山型を形成しています。

B　指定都市以外の市区町村議会議員選挙は、一つの大選挙区制となっていますが、議員定数に幅があり、妥当な定数設定が難しいようです。また、最高当選者と最低当選者の票差が大きくなっています。

指定都市以外の市区町村議員選挙の定数は、中核都市で一一～五〇人、一般の市町村で六～二〇人、東京都特別区で二五～五〇人というようにかなり幅があります。定数も条例で決められますが、妥当な定数を決めるのに苦慮しているようで、住民からの議員報酬の縮減とからめて、たえず定数削減の圧力にさらされているようです。

最高当選者と最低当選者の票差も大きく、一般に三倍以上になりますが、ときには四倍を超えるところも珍しくありません。

第2節　地方議会議員選挙が直面する課題

A　投票率の継続的な低下傾向

統一地方選挙の投票率を見ると、戦後の一九五一年（昭和二六年）の選挙が最高で、都道府県議会議員選挙は八二・九九％、市区町村議会議員選挙は九一・〇二％でした。その後、投票率は選挙のたびに低下してきて、二〇一五年（平成二七年）の統一地方選挙では、都道府県議会議員選挙は四五・〇五％、市区町村議会議員選挙は四七・一四％と、過去最低を記録しました。

B　議員のなり手不足による無投票当選・定数割れの増加

統一地方選挙における無投票当選者の割合は、都道府県議会議員選挙と町村議会議員選挙では、多少の波があるものの、一貫して上昇傾向にあり、二〇一五年の選挙ではいずれも二割を超えました。一方で、都市部が多い指定都市議会と市議会の議員選挙では、ほぼ一～四％の範囲内に収まり、横ばいで推移しています。

また、二〇一九年（平成三一年）の都道府県議会議員選挙の無投票当選の状況を見ると、一人区で五四・八％、二人区で三八・七％、三人区で二八・六％と大半を占めています。

直近の都道府県議会議員選挙においては、無投票当選の選挙区数が七割近くに及ぶ県もあり、全国平均でも三七％の選挙区が無投票当選という驚くような数字が出ています。

また、同年の町村議会議員選挙においても、無投票当選があった自治体が九三団体（二四・八％）で、うち約半分（四五団体）が人口五〇〇〇人未満の小規模自治体でした。

町村議会議員選挙では、定数に対する立候補者が一％を若干超える比率で推移してきていて、定数割れ目前です。最近では高知県大川村定数割れを生じ、一時、町村総会制度への移行を検討したと報じられ、話題になりました。

C　女性議員割合の過少

地方議会における女性議員の割合は、徐々に上昇傾向にあるものの、全体的に極めて低い状況にあります。個別に見ると、東京都の区議会議員では、三割近くに及んでいますが、都道府県議会や市町村議会では、まだ一割程度に過ぎません。二〇一九年の新聞社のアンケート調査結果では、全国一七八八議会中、約二割の三三九議会が女性ゼロであり、一人しかいない四六〇議会を併せると、全体の四五％が一人以下議会です。

都道府県議会議員選挙では一人区と二人区が多いため、地域の様々な団体とのネットワークを有する男性議員が圧倒的に優位を占めるのが要因だと思いますが、市町村議会議員選挙においては、ほとんどが無所属議員であり、政党化が進んでおらず、単独で闘わなければならないことも女性議員が少ない理由の一つだと思われます。

D　若手議員割合の過少

地方議会の議員は、高齢者が多く、若手の議員が極端に少ないのも問題です。六〇歳以上の議員は、都道府県議会では約四割を、市議会では五割を超え、町村議会では八割近い状態です。とりわけ町村議会では、七〇歳以上の議員が二六・五％と四分の一を占める超高齢化議会になっています。驚くべき数字は、かつてＮＨＫが調査したところ、最年少議員の年齢が六〇歳代の議会は全国で九一団体あり、六五歳以上が最年少という議会が一一もあったということです。

その要因としては、議員のなり手不足とも関連し、若手の人は自営業や農林業従事者でない限り、あるいは議員専業でない限り、議員となるのが難しいからです。さらに、町村議員は報酬が少なく、専業がなりたたないとも言われています。

E　議員の職業の偏り

地方議会議員の職業の偏りも指摘されています。都道府県議会や市区議会の議員の約半数は議員専業ですが、町村議会においては農業や林業などに従事する者が三割に及んでいます。

一方で、全体の職業構成で過半を占める会社員が、地方議会の選挙に立候補する割合が一八・五％と二割を切っています。

その要因としては、休職・復職制度がなく、議会の休日・夜間開催が普及していないわが国においては、会社を辞めて立候補すること自体がリスキーであり、立候補して選挙運動を行っている間の休暇の取得も難しい状態があります。地方議会が地域の住民の代表という使命を果たすためには、議員の職業の偏りは問題があると思います。

第3節　地方議会の選挙制度改革の方向性

わが国の地方議会はさまざまな課題に直面していますが、選挙制度の観点からの改革の方向性について、私なりの考えを提示したいと思います。

基本的には、国政の場合と同じく比例代表制の導入が望ましいと考えています。

その理由は、比例代表制を実施すれば、前項に列記したような直面する課題の多くが解決すると思うからです。問題は、比例代表制の前提になる政党制が地方議会に存在し定着しているかという点です。総務省調べでは、都道府県議会は約八割と政党化が浸透していますが、市町村議会（指定都市を含む）は約三割にとどまっています。さらに、町村議会にいたっては、議員の約八八％が無所属となっています。

しかし、それだけを見れば比例代表制の採用は難しい感じがしますが、選挙制度と政党の関係は、鶏と卵の関係と同じで、制度が変われば政党化は一挙に進むと考えます。

また、多くの地方議会においては会派制度が普及しており、その会派を選挙において政党化することは、比較的に容易ではないでしょうか。そもそも、地方議会においては国政の政党だけでなく、そこだけの地域政党がたくさんあることは外国の例を見れば普通であり、望ましいことだと思います。

また、地方議会の政党化は、議会のオール与党体制やボス支配体質を変える意味でも、あるいは有権者が投票する目安としても、これから推進する必要があるのではないでしょうか。

A　都道府県・指定都市議会議員選挙の場合

政党化が進んでいる現状を考慮して、比例代表制を導入し、拘束名簿式または非拘束名簿式かは各政党の裁量とするとともに、無所属でも立候補可能とする案です。

選挙区について行政区域全域を一つの比例区とするか、いくつかの比例区に分割するかは各自治体の裁量に任せます。

B　その他の市区町村議会議員選挙の場合

基本的には、政党制を促進する観点から、前記Aと同様の方式で比例代表制を導入します。

ただし、現状を考えて自治体の判断で暫定的に現行方式を認めるとしても、候補者に関する情報の入手が得やすく候補者選択が容易となるように、現行の大選挙区を複数の選挙区に分割することにします。

〈参考〉　北欧諸国の地方政治

A　選挙制度

北欧諸国では、国政のみならず地方議会議員選挙も、すべて比例代表制で行っています。拘束名簿式のスウェーデンでは、候補者順位は党員集会で決めるそうです。もちろん男女交互のジッパー方式です。

B　自治体の執行部と議会

北欧諸国では、一元制を採用しており、首長選挙はありません。議会議員選挙で多く議員数を獲得した政党のリーダー的議員が自治体の首長や執行部を占めるのです。

スウェーデンの古都ウプサラの郊外の自治体の副市長にお話を聞く機会がありました。その人はストックホルムでメディア関係の仕事をしていたそうですが、現在住んでいる自治体の選挙に仲間と新党をつくり出馬し、第二党の座を獲得し、副市長になっていました。第一党のリーダー議員が市長です。それぞれ上位の政党の代表者が自治体業務を分担し、執行部を形成しているのです。

議会は日曜や休日、または夜間に月何回か開催されるだけで、ほとんどの日常業務は執行部に任されています。そのかわり、執行委員は給与が支給される常勤扱いになっています。

C　地方議会の議員

一方、一般の議員はボランティアとしての身分で、議会開催の時に出席しますが、日当と交通費程度が支給されるだけです。そのため、地方議会議員のみなさんは、一般の人と同様に本来の仕事をもっていて、議員という職業は存在しないのです。

D　国や政党の若者への主権者教育

わが国でも若者への主権者教育の必要性が叫ばれていますが、北欧諸国の主権者教育と根本的に異なっています。わが国では公選法で一八歳未満の選挙運動が禁止されているように、教育の中立性を謳い文句に現実の政治活動から若者をできるだけ遠ざける政策をとっています。

一方、真逆の教育政策をとっているのが北欧諸国であり、一二～一三歳から三〇歳ぐらいまで政党青年部の党員になれます。総選挙がある年には、多くの中学校・高等学校で政党関係者を招いて政策を聴き、自分が気に入った政党に投票する学校選挙が全国的に行われます。ある高校の学校選挙を見学に行ったとき、構内で政党バッチを付けて自分が所属する政党のために選挙運動を行っている生徒を目にして、わが国とのあまりに大きな違いに驚きました。

そのように若い時から生の政治に積極的に関わる訓練や経験を受け、被選挙権も一八歳からであることから、高校生や大学生が地方議会議員になることも珍しくありません。

そして、政党内で幹部への道を歩んでいくのです。国も政党も若者の政治参加に熱心に取り組んでいることから考えると、フィンランドで三四歳の女性首相が誕生したことも、まったく驚くに値しないのかもしれません。

あとがき

私が現役の頃、たまたま行政改革を目的とする第二次臨時行政調査会が一九八一年（昭和五六年）に設置されました。キャッチフレーズは、「増税なき財政再建」でした。大平正芳首相の急死で後を継いだ鈴木善幸内閣の時で、調査会の担当大臣は中曽根康弘行政管理庁長官でした。そして、調査会の会長に経団連会長を辞めばかりの土光敏夫さんを迎えました。土光さんは経団連会長になってからも、電車とバスで通勤するほどの質素な生活をおくり、メザシが好きなことから「メザシの土光さん」とあだ名された方です。この第二次臨時調査会の答申を基に、その後の国鉄などの三公社の民営化や省庁統合などの行政改革が実行されたのです。

鈴木さんとの総裁争いに敗れ、一時失意の状態にあった中曽根さんはこの行政改革に自分の活路を見いだして精力的に行政改革に取り組み、次の首相の座を得ることに成功しました。

私はこの第二次臨時行政調査会が設置される直前に、行政管理庁官房総務課の総括補佐（後に調査官）に配属されたのですが、この部署は国会との窓口の業務も行っていました。当時、各省庁は国会議事堂内にそれぞれ政府委員室というものをもち担当者が常駐して、国会と各省庁のパイプ役を果たしていたのです。国会の本会議や各委員会の運営の情報収集や、国会議員からの事前の質問取りとそれに対する大臣や局長の答弁づくりの連絡調整に毎日明け暮れていました。総理の答弁書はいつも深夜に総理官邸に届け、事務室のソファーで寝て、翌日を迎えたことも日常茶飯事でした。

そんな生活を五年ばかり送り、しばらくたってから参議院事務局に出向させられ、委員部課長と調査室室長を経験させてもらいました。国会の仕事を政府側からと、国会側からと見る機会を得られたことは、いまから思うととても貴重な経験だったと思います。

退職後は、興味のあるいくつかの市民活動に参加してきましたが、社会を変えるには政治を変える必要があり、その政治は大きく選挙制度に依拠していることから、選挙制度を変えるための活動が重要であるという思いが強くなっていきました。

また、たまたま北欧を旅行していたときに、選挙の真最中に出くわしましたが、そのお祭りのような華やかで楽しく、ピクニックのように家族連れで参加する選挙運動を目の当たりにして、一種のカルチャーショックを受けました。その後、外国の選挙の制度や運動について学ぶにつれて、ますます外国と日本との違いだけでなく、あまりの日本の選挙の特殊性に強く気づかされました。そして、わが国の選挙は世界から見れば、「井の中の蛙」であり、「ガラパゴス状態」ではないかと感じたのです。

当時は、選挙制度改革を目的とする市民団体がほとんど見当たらず、自ら八年前の二〇一三年に「変えよう！選挙制度の会」を立上げ、毎月例会を開催するようになりました。さらに、二〇二〇年一月に別途、「比例代表推進フォーラム」も設立しました。これらの活動を通して、選挙制度・運動改革を行うことが大きな目標ですが、まずは現行の選挙制度や選挙運動の現状や問題点を多くの人に知ってもらうことが重要だと考えています。

この本も、そういう気持ちの一端として、これらの会合で報告したもののうち、いくつかをピックアップしてまとめたものです。前々から出版を勧められていながら、長い間放置していたことに対し、出版社の村岡到さんが気長に待って頂いたことに感謝を申し上げます。

そして、「変えよう！選挙制度の会」と「比例代表制推進フォーム」において、いつも一緒に活動を行っている仲間のみなさまにも、心からありがとうの感謝の気持ちを伝えたいと思います。

みなさまのご参加を心から歓迎します。

二〇二一年九月二〇日

田中久雄

変えよう選挙制度の会

ホームページ：http://kaeyo-senkyo.tumblr.com/

フェイスブック：https://www.facebook.com/kaeruelesys

ツイッター：https://twitter.com/thinkelesys

月例会の報告が季刊『フラタニティ』（ロゴス刊行）に毎号、連載されています。

比例代表制推進フォーラム
ホームページ：https://hireisuisin.tumblr.com/
フェイスブック：https://www.facebook.com/hireisuisin/
ツイッター：https://twitter.com/hireisuisin

参考文献

池内知明、河崎健、加藤秀治郎編著『西欧比較政治』一藝社、二〇一五年
大林啓吾、白水隆編著『世界の選挙制度』三省堂、二〇一八年
梅津實、森脇俊雅、坪郷實、後房雄、大西裕他『比較・選挙政治』ミネルヴァ書房、二〇〇四年
岩崎正洋編『選挙と民主主義』吉田書店、二〇一三年
季武嘉也、武田知己編『日本政党史』吉川弘文館、二〇一一年
大嶽秀夫『平成政治史』筑摩書房、二〇二〇年
坂野潤治『日本憲政史』東京大学出版会、一九三〇年
村瀬信一『帝国議会』講談社、二〇一五年
久保文明編『アメリカの政治』弘文堂、二〇一三年
ロナルド・A・モース『アメリカ政治の基礎知識』麗澤大学出版部、一九九九年
あぶみあさき『北欧の幸せな社会のつくり方』かもがわ出版、二〇二〇年
津田由美子、吉武信彦編著『北欧・南欧・ベネルクス』ミネルヴァ書房、二〇一一年
岩崎美紀子『比較政治学』岩波書店、二〇〇五年
網谷龍介、伊藤武、成瀬孝編『ヨーロッパのデモクラシー』ナカニシヤ出版、二〇一四年
スティーグ・ハデニウス『スウェーデン現代政治史』早稲田大学出版部、二〇〇〇年

阪野智一「イギリスにおける選挙制度改革の政治」『選挙研究』第三一巻第一号、二〇一五年
甲斐祥子「比例代表制運動とイギリス政治」帝京国際文化第一七号、二〇〇四年
高安健将「英国政治における人格化と集権化」『選挙研究』第二六巻第一号、二〇一〇年
高安健将「動揺するウエストモンスター・モデル?」『レファレンス』第七三一号、二〇一一年
奈良岡聰智「一九二五年中選挙区制導入の背景」『年報政治学』六〇巻一号、二〇〇九年
森脇俊雅「日本の選挙制度について」『法と政治』六五号一号、二〇一四年
小島健「ベルギー連邦制の背景と課題」『東京経大学会誌』二六五巻、二〇一〇年

田中久雄（たなか・ひさお）

1967年に行政管理庁に入庁（後に総務省に統合）。その後、当時の建設省、大蔵省、農水省、参議院事務局に出向。

2001年に退職後は各種社会活動に参加。

現在は、「変えよう！選挙制度の会」代表、

「比例代表制推進フォーラム」代表世話人
主な著作：

「選挙の制度を変えれば政治が代わる」：選挙改革フォーラム編『小選挙区制のワナ』（かもがわ出版、2018年）所収。

「比例代表で日本を素晴らしい国にしよう」：紅林進編『変えよう！選挙制度』（ロゴス、2019年）所収。

「スウェーデンの選挙制度について」：『法政論叢』第56巻第1号（日本法政学会、2020年）所収。など

時代遅れの二大政党制――小選挙区制廃止、比例代表制実現を

2021年10月21日　初版第1刷発行
著　者　田中久雄
発行人　入村康治
装　幀　入村　環
発行所　ロゴス
〒113-0033　東京都文京区本郷2-6-11
TEL.03-5840-8525　FAX.03-5840-8544
URL http://logos-ui.org　Mail logos.sya@gmail.com
印刷／製本　株式会社 Sun Fuerza

定価はカバーに表示してあります。 ISBN978-4-910172-09-5　C0031

ロゴスの本

村岡 到 著　　四六判 191 頁・2000 円+税
悔いなき生き方は可能だ——社会主義がめざすもの

村岡 到 著　　四六判 236 頁・1800 円+税
ベーシックインカムで大転換

村岡 到 著　　A 5判 上製　236 頁・2400 円+税
親鸞・ウェーバー・社会主義

村岡 到 著　　四六判 220 頁・2000 円+税
友愛社会をめざす——活憲左派の展望

村岡 到 著　　四六判 158 頁・1500 円+税
文化象徴天皇への変革

村岡 到 著　　四六判　252 頁　1800 円+税
ソ連邦の崩壊と社会主義

村岡 到 著　　四六判　188 頁　1700 円+税
共産党、政党助成金を活かし飛躍を

村岡 到 著　　四六判　154 頁　1300 円+税
池田大作の「人間性社会主義」

村岡 到 著　　四六判　202 頁　1700 円+税
左翼の反省と展望——社会主義を志向して 60 年

村岡 到 編著　　四六判　172 頁　1700 円+税
宗教と社会主義との共振

村岡 到 編著　　四六判　147 頁　1500 円+税
宗教と社会主義との共振 II

村岡 到 著　　四六判　162 頁　1600 円+税
マルクスの光と影——友愛社会主義の探究

あなたの本を創りませんか——出版の相談をどうぞ、小社に。